超日本近現代史

走進當今日本直接相關的150年場景
直感劇烈狂亂的衝擊，猶如今日時代的轉動

河合敦監修　Sideranch繪製　李惠芬翻譯

前言

本書探討的是幕末到現代的一百五十年間，日本史中稱之為近現代史的時代。

近代是從一八五三年黑船來航開始拉開序幕。不敵佩里強硬的態度，隔年江戶幕府被迫開國。之後過了十五年，持續了兩百六十年的幕府政權崩壞瓦解，取而代之的是名為明治政府的現代統一國家。

明治政府的領導者們為了不讓日本淪落為列強諸國的殖民地，竭盡所能地意圖在短時間內將日本打造成和歐美同樣的現代化國家。於是積極引入歐美各項制度並調整國家體質，並在經濟面上成功達成產業革命。也因此在一八九五年的甲午戰爭中獲勝並取得殖民地，之後又打贏日俄戰爭、第一次世界大戰，躋身為世界強國。

進入大正時代，人民的力量開始爆發。護憲運動與米騷動導致內閣垮台，男性的普通選舉權也得以實現，此時已變成若未得到國民支持，政治就無法運行的社會。然而，一九二〇年代經濟低迷，國民從政黨轉為支持軍部，於是軍國主義抬頭，最後爆發中日戰爭以及太平洋戰爭。

戰爭在日本的敗北下結束，此時國民的生活已完全破產。然而戰後日本成功地轉型成民主主義國家，自一九五五年開始約二十年，達到一年成長百分之十的驚人經濟成長期，八〇年代持續安定地成長成為經濟大國。

近現代史與當今日本有直接的關聯，所以認識這一百五十年的發展過程，對各位的未來而言非常有意義，可說是若不了解日本近現代史，將是人生的巨大損失。

只不過近現代史既複雜登場人物又多，且類似的事件頻頻發生，所以覺得「歷史過程複雜難懂很討厭」的讀者相信也不少。

本書以象徵性的漫畫來描繪事件意象，並用淺顯易懂的解說掌握內容，再用圖說與年表來幫助理解時代變化，為了讓人容易理解下足了工夫，另外也附有許多關於當時意外插曲的專欄。筆者確信，讀了本書之後，日本近現代史就會輕輕鬆鬆進入腦袋中！

河合敦

目錄

第二章 晉升列強

第三章 民主與恐慌的時代

第四章 軍部崛起，邁向戰爭的時代

第五章 戰後與復興

第六章 停滯與發展的現代日本

序章 解讀當代日本的10個關鍵

每個時代所懷抱的問題不盡相同，但不論是哪個時代，日本人都努力跨越了種種難關。這裡以「解讀當代日本的十個關鍵」為題，解説從一百五十年前到當代，有關經濟、社會問題與外交等要點。了解日本近現代史的進展，有助於理解日本現在所面臨的課題、以及「日本」這個國家！

① 經濟
② 社會問題
③ 政治
④ 憲法
⑤ 對美關係
⑥ 東亞外交
⑦ 世界情勢
⑧ 災害
⑨ 科學技術
⑩ 文化

※上述的關鍵字是對應本文右下方的相關主題。可依有興趣的主題來 讀，或許會有新發現！

了解日本 KEYWORD 1

經濟

日本一直處於不景氣之中嗎？

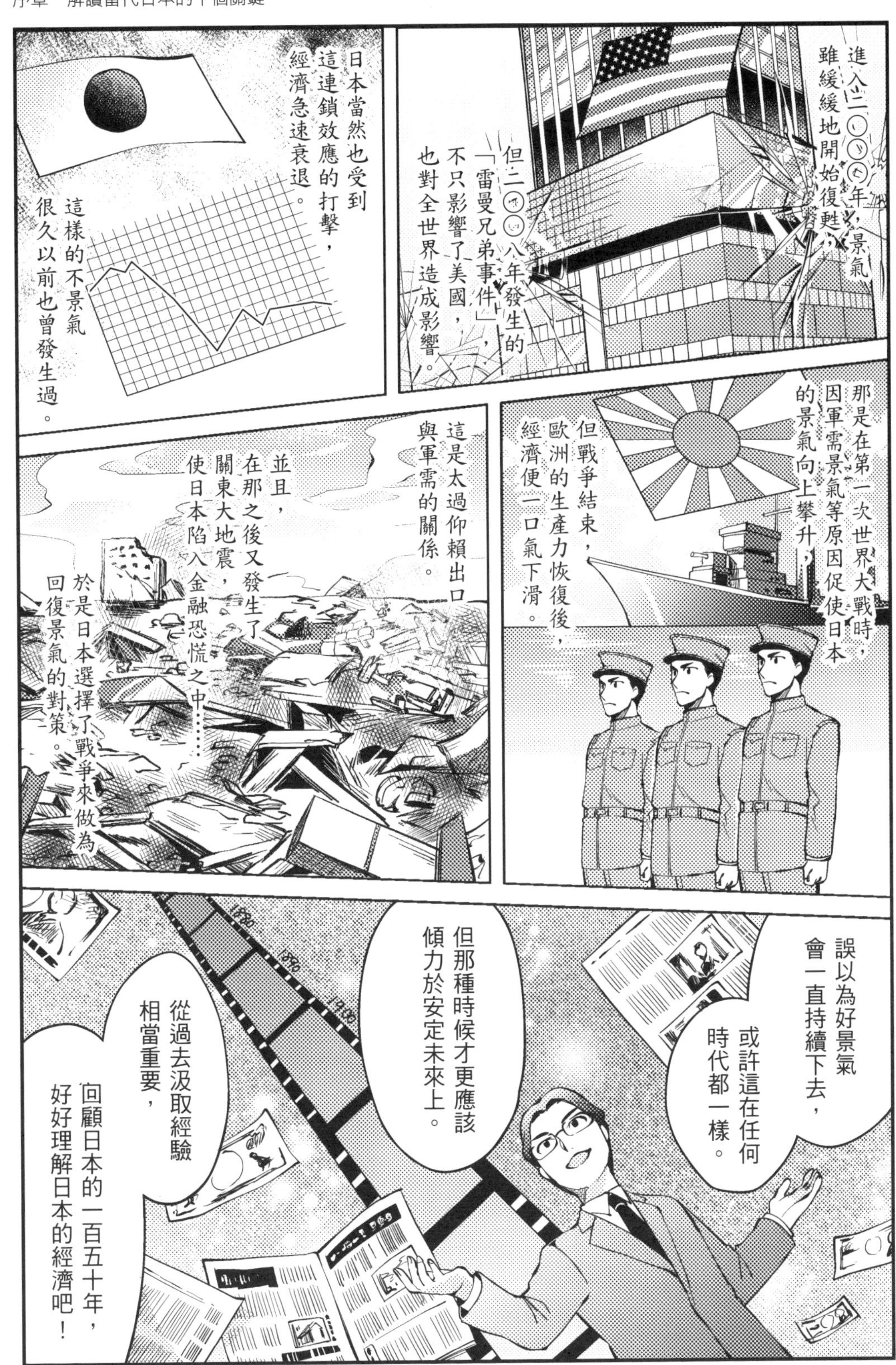
進入二〇〇七年，景氣雖緩緩地開始復甦，
但二〇〇八年發生的「雷曼兄弟事件」，不只影響了美國，也對全世界造成影響。
日本當然也受到這連鎖效應的打擊，經濟急速衰退。
這樣的不景氣很久以前也曾發生過。
那是在第一次世界大戰時，因軍需景氣等原因促使日本的景氣向上攀升，
但戰爭結束，歐洲的生產力恢復後，經濟便一口氣下滑。
這是太過仰賴出口與軍需的關係。
並且，在那之後又發生了關東大地震，使日本陷入金融恐慌之中……
於是日本選擇了戰爭來做為回復景氣的對策。
誤以為好景氣會一直持續下去，
或許這在任何時代都一樣。
但那種時候才更應該傾力於安定未來上。
從過去汲取經驗相當重要，
回顧日本的一百五十年，好好理解日本的經濟吧！

日本在戰爭中創造出數次的景氣繁榮

因泡沫經濟破滅造成經濟低迷期「失落的十年」，之後又因為「雷曼兄弟事件」導致日本處於經濟蕭條的狀況二十年以上。其實，過去日本並非一直不景氣，曾經也有景氣繁榮造成物品銷售極快，股票攀升大漲的時代。

其中**具代表性的例子是第一次世界大戰時的軍需景氣**[1]。**在此之前日本都是進口歐美的廉價產品，持續進口過剩的狀態**。然而大戰一開打，出口至歐洲的軍需品增加，**又因美國經濟繁榮，對美出口也擴大**，再加上由於列強的撤離，而逐漸能夠將產品出口進亞洲市場。空前的好景氣到來，也因此讓日本國從債務國變成債權國，經濟蓬勃發展。

然而這樣的狀態並不長久。在戰爭結束歐洲復興後，一九一九年開始再度進口過剩且出口銳減，再加上關東大地震的打擊，日本又再次面臨景氣蕭條的窘境。軍部為了尋求活路，選擇擴展殖民地而出兵攻打滿洲，接著侵略華北、東南亞，企圖打造**大東亞共榮圈**[2]。但此一政策與歐美的利益衝突，最終引爆太平洋戰爭。**日本戰敗後被美國占領，經濟更是跌落谷底**。

改變此狀況的是美國因美蘇冷戰而更換的對日占領政策。美國認知到位於西側的日本的重要性後，為促使日本經濟獨立而進行各種經濟支援，然而日本經濟卻不見起色，**最後才因一九五〇年韓戰的軍需景氣而恢復了昔日榮景。幾年後，日本歷經了高度經濟成長期、安定成長期，而後進到泡沫經濟期**[3]。

相關①

「第一次世界大戰時的軍需景氣」▼P106

美國的好景氣

因大戰中的貿易而獲得龐大利益的美國，在戰後迎來名為「黃金的二十年代（The Golden Twenties）」的經濟繁榮期，成為世界最大的債權國。

相關②

「大東亞共榮圈」▼P158

相關③

「泡沫經濟期」▼P230

國民的犧牲造就景氣復甦

日本經濟的全盛期是東京山手線內土地的地價可以買得起美國的泡沫經濟時期。然而，眼見經濟攀升得太快，政府踩下剎車，施行不動產交易「總量管制」，但卻造成泡沫經濟一舉破滅。現在的日本為尋求泡沫經濟再起而施行與「總量管制」相反的「量化寬鬆」政策，不過泡沫經濟崩壞與雷曼兄弟事件的創傷太深，成果十分有限。此外，**還有消費稅增稅**④**及年金減額等，犧牲國民企圖重建財政這部分和明治時期的政策十分類似**，尤其是當年松方正義藏相大量處分掉法定貨幣來重振財政，卻造成**農村地區的收入大幅減少**⑤、**人民苦不堪言**。像這樣透過犧牲國民達到景氣復甦的政策，其實曾多次施行過。

韓戰發展軍需景氣

韓戰時，在日與在韓的美軍向日本訂購大量的物資與服務，使日本迎來經濟繁榮。從一九五〇年到一九五二年金額成長約十億美元。

相關④

「消費稅增稅」▼P222

相關⑤

「農村地區的貧困」▼P58

了解日本 KEYWORD 2

社會問題

日本的人口持續減少中？

社會問題層出不窮，
而近年來人口問題是很重要的課題。
目前日本的人口數正在持續減少中。
出生率持續下降……
如同少子高齡化一詞，出生率持續下降……
年輕世代的人口銳減，相對的高齡者比例增加。
好、好重……！

請看圖表，
人口變遷如圖表所示，於二〇〇八年達到人口最高峰後開始走下坡。
如到二〇五〇年時會減少一億人等說法，
明治初期增加的三千五百萬人口，正因少子化而逐漸減少。

在經濟面，由於人口減少，消費也隨之降低。
接著因為勞動的青壯年人口減少，經濟成長率下降。
人口減少對社會保障也帶來影響。
消費
成長
社會保障
全部 Down
唉……

假如接受年金的人口增加，
但負擔社會保障給付費的世代人口減少的話，
要是再不改善現狀，最後社會保障給付費就將會負荷不了。
保
障
破碎
破碎
年金
雇用
唉⋯
未來太多不安的因素，都提不起幹勁了⋯
打起精神來！
啊！
會這麼想也是無可奈何的吧⋯⋯
但這才更需要好好思考。
拍
最近出現「政治冷感」一詞，因為對看不見的未來感到不安而提不起勁，但不關心政治就無法有任何改變。
曾經有過像「大正民主」或「安保鬥爭」等，市民的活動具極大影響力的時代。
二次大戰後，日本從帝國主義國家轉為民主主義國家。
民主主義
現在，我們每一個人都能參與政治。
用我們自己的力量來解決問題吧。
！
好！
為了更美好的將來，我們不能再消沉下去！
就是這樣！

少子高齡化、以及鄉村消失等嚴重的狀態

日本的總人口在一九四五年終戰時是七千萬人，在一九七〇超過一億人，如今成長到一億兩千萬人，是世界排名第十一的國家。然而，日本目前卻面臨嚴重的人口問題，亦即出生的孩童數急速減少，而高齡人口持續增加所形成的少子高齡化問題。根據國稅廳的調查與試算，二〇〇〇年時二十到六十四歲的人口是七千八百八十八萬人，六十五歲以上是兩千兩百零四萬人。而二〇五〇年的人口數預測是二十到六十四歲的人口是四千六百四十三萬人，六十五歲以上是三千七百六十八萬人。相對於二〇〇〇年三．六人（二十～六十四歲）照顧一位高齡者（六十五歲以上）比例，**二〇五〇年是一．二人照顧一位高齡者，對年輕世代是相當重的負擔**。

少子高齡化也會影響到高齡者的年金問題，政府不得不檢討**年金減額**與變更給付時期。

人口減少也會引發鄉村過疏化、消失等問題產生。高度經濟成長期到**經濟泡沫期**[①]這段期間，許多年輕人離鄉背井前往大都市打拚，造成地方青壯年減少高齡人口增加的現象。在目前這個階段，由於高齡者的年金在當地使用，所以經濟仍算流通。但近年來地方的高齡者愈來愈少，別說地方的商業設施，醫院和看護設施也難以經營下去。**稅收完全無法期待，多達八百九十六個自治團體在未來也可能會消失**。

此外，年輕女性從地方流出到大都市，也是造成出生率降低，人口減少的主要因素。

※二〇一五年現今

年金的減額

目前，日本的厚生年金中，若有六十歲以後仍然上班領薪水與獎金的情況，薪資月額與年金月額將合併計算，使年金減額。

相關①

「泡沫經濟期」▼P230

可能會消失的自治團體

根據由民間高知識分子組成的智庫「日本創生會議」所發表的報告，到二〇四〇年時，全國八百九十六個自治團體將可能消失。此報告帶給各界極大的衝擊。

人口增加的都市也出現嚴重問題

另一方面，都市區因人口流入而有望出生率增加，但以東京來說，二、三十歲未婚率是日本第一，而出生率一・〇九卻為全國最低。這種狀況根本無法期待能改善少子化的現象。

回顧過往，在**高度經濟成長期**②時，都市區因人口急增而面臨住宅不足的問題。**「兔子籠」**③一詞也在此時出現，指人們擠在狹小的居所相互扶持彼此生活的樣子。今後，若地方的人口過度流入大都市，或許又會引發相同的問題。

除此之外，**小泉內閣時代**④的《勞動者派遣法》修正是造成都市區貧富差距擴大的原因之一，但當人口向都市集中，失業率跟著提高，可以預期未來差距只會更加擴大。

相關②「高度經濟成長期」▼P213

相關③「兔子籠」▼P214

相關④「小泉內閣時代」▼P236

了解日本 KEYWORD 3

政治

為何常更換首相？

過去日本的政治中心，江戶時代是「幕府」，明治維新後是「明治政府」，大戰時是「軍部」。
幕府
新政府
軍部
國民
現在是以國民為中心的民主主義時代。

在日本，是由拿下政權的政黨代表擔任首相一職，
歷代首相中也曾有任期不滿一年的，所以被說「日本首相更換頻繁」。
卸任
任期

為什麼會常換呢？
這個嘛……

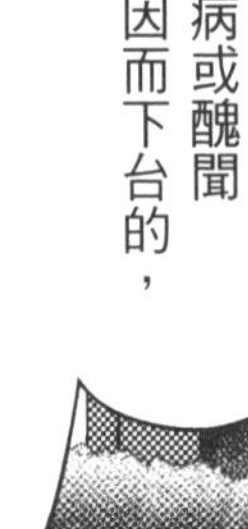

有因為生病或醜聞等各種原因而下台的，
也有因為得不到國民支持就早早請辭的首相。

如此看來，日本的確是個頻繁更換首相的國家。
另一方面，也有任期長的首相。
支持率

以下介紹任期長的首相。
來回顧他們主要的施政內容和時代背景吧！

※ 標示含任期中輪替的期間。

五五年體制中誕生了十五位首相

日本在明治時代以降，做為政治中心的主體逐一改變。開國後，幕藩體制動搖，最後幕府倒台，以天皇為中心的新政府掌握政權。成立**立憲制**後，內閣總理大臣和其他內閣大臣成為政治中心（之後的大戰時期由軍部權掌政治）。**現今政治的中心是國民**，國民用選舉選出的政黨、政治家來執政，這做法始於大正時代，亦即所謂的「**大正民主**」①。

日本在戰後的一九五五年成立自由民主黨（簡稱自民黨），由被稱為「**五五年體制**」的保守黨一黨獨大延續到一九九三年。**這段期間，從首任總裁鳩山一郎到一九九二年的宮澤喜一共輪替了十四任首相（合計十五人）**，雖然其中也有像從一九六四年到一九七二年，任期共七年八個月的首相佐藤榮作這樣的特例，但單就計算一人的平均任期，基本上為二．五年。相較之下，美國總統的任期一期是四年，過去在任期內辭任的只有一人，日本的確稱得上是常換首相的國家吧。

此外在一九九三年自民黨以外的內閣誕生，經歷兩任的首相輪替，一九九六年再度由自民黨取得政權。直到二〇〇九年**以民主黨為中心組成連立政權**②之前，均由自民黨穩坐政權中心。國民期待的雖是自民黨與民主黨的兩大政黨制，但民主黨政權在二〇一二年敗選後失去政權，政權又再度回到自民・公明黨手中，由安倍內閣安定了政權。

立憲制

立基於憲法的執政制度。基本原則是尊重國民的權利與自由、權力分立、基本人權的保障等。

相關①

「大正民主」▼P116

五五年體制

所謂的五五年體制指的是以自由民主黨為執政黨第一大黨，日本社會黨成為在野第一大黨的兩黨政治狀態。該體制延續到一九九三年細川內閣成立為止。

相關②

「以民主黨為中心的連立政權」▼P240

政權安定的優點是可以長期考量執行政策。目前日本如少子化問題與年金問題等必須解決的課題堆積如山，另外還有像**美日的安全保障問題**等，必須全力去處理的問題不勝枚舉。

一黨獨大制延伸出腐敗與貪污問題

另一方面，**長期一黨獨大的缺點是無法發揮自淨作用**。如一九七六年爆出的**洛克希德事件（Lockheed Corporation）**[3]就是一例，那是關於訂購客機所爆發的大規模貪污事件，前內閣總理大臣田中角榮與運輸政務次官佐藤孝行等人遭到逮捕。此外，一九八八年也爆發大規模收賄的瑞可利（Recruit）事件，瑞可利公司將關係企業未上市股票在上市前讓渡給多位重量級政治家，衍生成動搖財政界的大醜聞，而瑞可利前會長江副浩正、前國務大臣藤波孝生等人遭到起訴，迫使當時的竹下內閣總辭。若為兩黨制便可互相監督，阻止這樣的政治腐敗情形發生，可與執政黨匹敵的在野黨的存在正是具有這樣的重要功能。

美日的安全保障

《美日安保條約》於一九五一年簽訂，現今仍然持續。條約內容是美利堅合眾國有保衛日本的義務，日本有提供美國基地的義務。

相關③

「洛克希德事件」▼P216

了解日本 KEYWORD 4

憲法

為何不修改憲法？

在新聞與報紙上看到過「憲法修正」這個詞吧？
但日本國憲法卻一次也沒修正過，
這在世界上是很少見的例子。
憲法改正
美國從第二次世界大戰以來，進行過六次的修改，
德國單在東西德統一之後也修改五十次以上，而墨西哥甚至修正了超過四百次。
日本國憲法是基於GHQ※和日本政府的協議與議會的審議所制定，
雖然其中也有部分是被強迫的……
GHQ
日本
憲法
而現在，引發爭議的是憲法第九條，
其中有這樣一段條文。
永久放棄以武力威脅或行使武力做為解決國際紛爭的手段。
必須放棄戰爭，
不得保有戰力也不承認交戰權。

日本因戰爭經歷過許多悲劇，所以在日本有很多人贊同第九條也是理所當然的。
但在複雜的國際情勢之中，考慮修憲的也大有人在。

自衛隊也是戰力嗎？
這部分有些複雜……

※GHQ（聯合國軍最高司令官總司令部）→ P180

關於憲法的議論，
自衛隊的問題一定會
引發爭議。
日本政府不認為
自衛隊是「戰力」，
而是維持最低限度
所需的實力。

為何憲法一次
都沒修改過呢？
修憲的條件嚴格也是
原因之一哦！

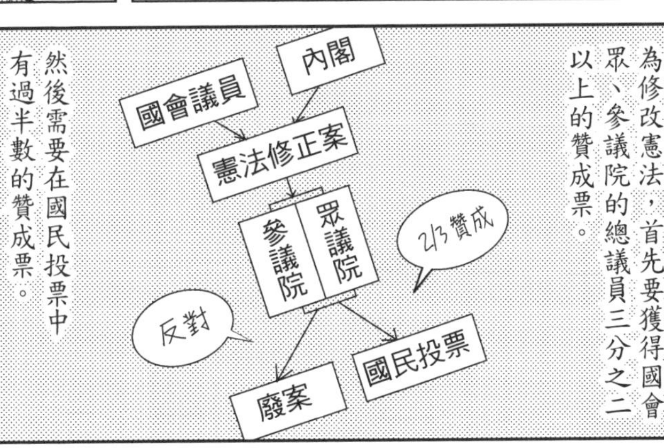
為修改憲法，首先要獲得國會
眾、參議院的總議員三分之二
以上的贊成票。
內閣
國會議員
憲法修正案
眾議院
參議院
2/3贊成
反對
國民投票
廢案
然後需要在國民投票中
有過半數的贊成票。

其他也有不需要國民投票
就能修憲的國家。

重要的是每個人
都要對憲法感興趣，
確實表達自己的
意見，
為了更好的未來，
意見交流是必要的。

明治時代到現代的
各種事件融合
才有現在的憲法。
先來回顧歷史，
一個個解開問題吧。

戰後從未修改過的日本國憲法

目前的**日本國憲法**[1]修改自**大日本帝國憲法**[2]，於一九四五年在**美國占領下**[3]制定而成。當初原本是由幣原內閣擬定憲法草案，但由於內容加入了天皇的統治權而不被GHQ接受，而後由麥克阿瑟下令GHQ擬草案，加入一些日本政府的意見後於議會承認該憲法。

日本恢復主權獨立後，雖然**經常主張要憲法修正，但卻從未正式修憲過。這在世界中可說是較為罕見的例子**。順帶一提，在戰後法國**修憲**超過二十次，而德國也超過五十次以上。

為何一次都沒修改過憲法呢？修憲的手續是原因之一。大體來說達到修憲條件需要有兩議院的總議員超過三分之二贊成，再由國民投票並過半數才能成立，這在現實上相當不容易達成，而且國民投票目前也從未舉行過。

不過也有說法指出，日本從以前就經常重新解釋憲法。憲法第九條明訂「放棄戰爭」、「不得保有戰力」、「不承認交戰權」，但這幾項因為世界情勢的變化以及和美國間的關係而不得不重新解釋。關於這項條文，第一個重新解釋的是關於**自衛隊**[4]的前身警察預備隊。

當時對於警察預備隊是否牴觸第九條的「不得保有戰力」而引發討論，但那時吉田內閣發表了「目的是維持治安而非軍隊」的解釋。

相關①
「日本國憲法」▼P186

相關②
「大日本帝國憲法」▼P66

相關③
「美國的占領下」▼P180

憲法修正

修訂、追加與刪減日本憲法條文的門檻很高，必須要有參議院與眾議院議員總數的三分之二以上贊成才能由國會提議，再由國民投票並有過半的贊成票。又稱為修憲。

閣議通過可行使集體自衛權

而在這之後，針對「個別自衛權」與「集體自衛權」開始激烈的議論。所謂的個別自衛權是本國受到他國武力攻擊時，可行使武力以防衛本國，屬於國際法上的權利。另一方面，集體自衛權是指當與本國關係密切的國家受到武力攻擊時，本國雖未受到攻擊也有行使武力的權利。之前雖然有在憲法下能行使個別自衛權的解釋，但關於集體自衛權的行使，歷代內閣在憲法上均不承認。然而在二〇一四年**安倍內閣**[5]經內閣決議變更憲法解釋，內容為在達一定條件下可行使集體自衛權。

關於釋憲與修憲的討論相當熱烈，了解當前憲法制定的來龍去脈，開展出自己的主張吧！

解釋憲法

不經修憲程序，由日本政府對憲法的條項重新予以解釋，改變其內容與意義。尤其在針對日本憲法第九條的重新解釋上仍有許多爭議。

相關④
「設立自衛隊」▼P208

相關⑤
「安倍內閣」▼P242

了解日本
KEYWORD

5

對美關係

日本無法對美國說不？

安保條約自動延長，因而在一九七〇年以前發生由全日本主要大學的學生組織的抗議遊行。
人們非常害怕被捲入美國的戰爭之中。
反對!!
二〇一五年也強行通過安保法案，無視國民的反對意見，對美國言聽計從……
雖然明白日本會如此強硬通過法案的原因，
基於憲法已無軍力的日本立場來看，安保法是可嚇阻外國入侵的抑止力量……
反對強行通過法案!!
美日的關係為何會變成現在這樣呢？
讓我們回頭看看過去一百五十年的歷史吧！
聽到一百五十年，會覺得是很久以前的事，
然而，那時發生的事件仍持續影響到現在。
畢竟「歷史不是他人的事，而是自己的事」。
平成
昭和
大正

開國後，日本與美國的關係得以發展

日本從**黑船來航**[1]以來，便與美國建立密切的關係。**一開始受到美國強迫開國而走向明治維新**，以結果來說**促成了日本近代化**。在戰費不足下開戰的日俄戰爭中，最後分擔一半外債拯救日本危機的是美國富豪雅各布・希夫（Jacob Hirsch Schiff）。然而，從日本打贏日俄戰爭，成功攻進滿洲開始，美日關係卻開始變得緊張。美國提出門戶開放政策，要求開放滿洲一切利益，日本卻和英俄聯手對抗美國。不過在經濟面上關係卻愈發緊密，第一次世界大戰中，日本大量出口絲線至美國，因而從債務國變成債權國。

中日戰爭（譯註：即八年抗戰）開始以後情勢一轉，日美關係持續惡化。日本締結**日德義三國同盟**，打算在亞洲以日本為中心打造經濟圈，美國則用經濟制裁徹底勒住了日本命脈，而這正是太平洋戰爭發生的主因之一，最後日本戰敗，由美國所占領。

戰後的冷戰有助於日本復興。與蘇聯對立的**美國認知到做為遠東地域防壁的日本的重要性，因而改變占領政策。下令執行經濟安定九原則，強力支援日本的經濟復興**。一九五一年簽訂**《美日安全保障條約》**[2]（安保條約）。自此美日成為所謂的「命運共同體」。

此安保條約雖從修改後就一直延續至今，但另一方面反對條約的社會運動還是頻頻發生，其中在一九五九到一九六〇年與一九七〇年發生的**安保鬥爭**[3]，發展成規

相關①

「黑船來航」▼P50

日德義三國同盟

視美國為假想敵國，日本、德國與義大利三國聯盟的軍事同盟。意圖阻止美國參與第二次世界大戰。

相關②

「美日安保條約」▼P206、216

相關③

「安保鬥爭」▼P216

模空前的反對運動，參與者包含勞動者、學生與左翼勢力等。一九六〇年國會強行通過條約修改，結果抗議遊行隊伍連日**包圍國會議事堂**，甚至到與機動隊爆發衝突的地步。

對美外交，日本需具備交涉力

近年來，美國與日本的關係更加緊密。美國也強烈要求日本行使集體自衛權，二〇一五年執政黨自民・公明黨制定的**安保法案**④在國會的多數贊成下通過。於是集體自衛權變得可行，自衛隊的活動範圍也變得更廣，甚至可協助護衛美國航艦，不過這同時也代表被捲入各種國際紛爭的可能性升高，擔心的聲浪隨之四起。

之前**日本對美國的外交被批評為「無法說不的日本」**。安保條約在最初簽訂時為包含需提供美國基地等的不平等條約，但岸信介首相在一九六〇年**安保修改**⑤時，竭力締造更加對等的關係。今後與美國的關係中，需要日本政府能有同樣的努力與交涉力。

包圍國會議事堂

一九六〇年，在國會前參與抗議遊行的人數超過主辦者公布的數據，竟達三十三萬人。傷者（含死者）與遭逮捕者眾多，岸內閣被迫總辭。

相關④
「安保法案」▼P243

相關⑤
「安保修改」▼P206

了解日本KEYWORD 6

東亞外交

為了解領土問題的歷史

日本長期和中國、韓國、北朝鮮以及俄羅斯等鄰近的國家進行交流。
俄
中
朝
韓
在彌生時代時，由於中國、朝鮮半島的文化傳入，因而受到極大的影響。
譬如遣隋使與遣唐使等，一千多年前就開始與大陸接觸。
明治
大正
昭和
平成
而在近現代又是如何呢？回顧一下與周邊各國的歷史吧！
開國後，在日本征韓論呼聲高漲，
也就是要用武力迫使當時處於鎖國狀態的朝鮮開國的主張，最後締結了《江華條約》。
一八七五年與俄羅斯簽訂《庫頁島千島群島交換條約》，用庫頁島換得千島群島。
一八九四年與當時中國的戰爭（甲午戰爭）中獲勝，清朝同意割讓台灣與遼東半島。
庫頁
千島群島
馬關條約
然而，遼東半島在俄羅斯、德國與法國的要求下歸還，
之後，日本便一直敵視俄羅斯，終於爆發日俄戰爭。

打贏日俄戰爭的日本，獲得滿洲的租借權與庫頁島的一部分，
一九一〇年併吞朝鮮，納為殖民地。
朝鮮
然而在一九一九年，
發生朝鮮的對日獨立運動（三一獨立運動）。
1919 年
三一獨立運動
一九三一年為了用武力將滿洲納入勢力而爆發九一八事變。
國際社會開始對日本抱持不信感。
1931 年
九一八事變
即使如此，日本的野心也並未收斂，最後終於爆發與中國的中日戰爭，而遭到國際的非難。
GHQ
第二次大戰中，目標將東亞和東南亞納入勢力範圍，建立大東亞共榮圈，
但卻戰敗而被美國占領統治。
《舊金山和約》中日本恢復獨立主權，並重新界定日本的領土，
但與周邊各國的領土問題仍懸而未解。
竹島（獨島）
北方四島
釣魚台列嶼
二〇一〇年的釣魚台海域發生日本與中國漁船衝撞事件，影像衝擊世間，
日本與周邊各國的領土問題至今仍然存在。
咚
咚
咚

日本與鄰近諸國間的各種領土問題

日本從千年前就與中國、朝鮮有文化上的交流，像是古代有遣隋使、遣唐使等。另一方面，也曾發生過如豐臣秀吉出兵攻打朝鮮等，以進攻大陸為目標爆發的衝突。明治維新以降，日本開始進攻大陸，在一八七〇年代以武力威逼朝鮮開國的**「征韓論」**①呼聲高漲，一八七六年簽訂《江華條約》迫使朝鮮開國。一八九四年甲午戰爭獲勝，隔年的談和條約中清朝割讓台灣。一九〇四年為爭奪朝鮮的指導權展開**日俄戰爭**，日本在此役中也大獲全勝，終於將朝鮮納為殖民地，也開始進攻滿洲。

一九三七年開戰的中日戰爭陷入泥淖，日本為尋求資源而進攻東南亞企圖建立**大東亞共榮圈**②，但此舉也是爆發太平洋戰爭的原因。而日本在戰敗後失去了殖民地。就像這樣日本在大陸掀起各式各樣的戰爭。

近年來，中國進入南海與北韓的核武開發問題等，使東亞情勢緊張。**而日本也和韓國有獨島（竹島）問題、與中國有釣魚台列嶼問題，與俄羅斯則有北方四島問題，如今全都懸而未決**。

獨島（竹島）是在一九〇五年由經營漁業的中井養三郎提出的「將竹島納為日本領土」請願書，而被劃入日本領地內，在那之前是無人的岩礁。太平洋戰爭終結後的**《舊金山和約》**③中，美國將獨島（竹島）劃給日本，但在一九五二年，韓國卻劃下「**李承晚線**（譯註：韓國稱「和平線」）」的分界線，主張是該國領土。日本派出海上保安廳的船隻，韓國方面則以槍擊應戰。至今仍受到韓國實質的支配。

相關①

「征韓論」▼P58

日俄戰爭

日本在一九〇四年向支配滿洲、對朝鮮帶來影響的俄羅斯正式宣戰。隔年占領旅順，在對馬海峽海戰中擊破波羅的海艦隊，取得勝利。

相關②

「大東亞共榮圈」▼P158

相關③

「舊金山和約」▼P204

期望能早日解決與俄羅斯（舊蘇聯）的北方四島問題

在與中國的**釣魚台問題**④中，釣魚台列嶼本是日本固有領土，這件事無論在歷史上或國際法上都很明確。然而中國卻主張其所有權，並經常在該海域引發衝突。二〇一〇年也曾發生被要求撤離的中國漁船故意衝撞海上保安廳巡邏船的衝突事件。

日本政府表示「關於釣魚台需要解決的所有權問題根本不存在」。此外，台灣也主張擁有釣魚台的所有權（譯註：中華民國外交部的聲明表示，古籍中多次提及釣魚台，並於明清時期劃入海防系統及領土範圍，因此日本依據的先占原則無效。無論從歷史、地理、地質、使用及國際法而言，為中華民國固有領土、台灣屬島）。

關於北方四島問題，舊蘇聯（以下簡稱蘇聯），在一九四五年違背《日蘇中立條約》**對日開戰**⑤，占領北方四島。**當時四島上有原住民愛奴族人與日本人約一萬七千人居住，雖然俄羅斯人並未移居過去，但蘇聯卻單方面劃入國家領土裡，如今仍實質支配該島。**

李承晚線

一九五二年韓國首任總統李承晚宣布海洋主權，在日本海、東海單方面的設下軍事分界線。並將獨島（竹島）劃進該線內（參見241頁）。

相關④
「釣魚台」▼P241

相關⑤
「蘇聯的對日開戰」▼P172

了解日本 KEYWORD 7

世界情勢

與瞬息萬變的世界接軌

日本和美國、周邊各國以外的其他國家關係如何呢？
在現代，日本和所有的國家都有關係。
然而說到戰前的話，很難用一句話就解釋明白。
大概是從開國開始，展開和世界的關係。
開國後實現了近代化，
終於得以和列強平起平坐。
然而近代化卻將日本引向戰爭之路。
以甲午、日俄戰爭為開端，
一九一四年，第一次世界大戰中進攻德屬南洋諸島和中國山東省，
到最後爆發中日戰爭，
打著大東亞共榮圈的旗號，
一一占領東南亞，
於是爆發太平洋戰爭。
戰後制定的日本國憲法雖放棄戰爭，
但卻仍間接地與戰爭扯上關係。
大日本帝國憲法
日本國憲法
近年來的戰爭如左圖……
果然與日本也有關係。
韓戰
越南戰爭
波斯灣戰爭
伊拉克戰爭

一九五〇年開始的韓戰，雖然介入此戰爭的是美國，但日本成為據點，
並因戰爭帶來的特殊需求，使日本脫離財務窘境。
越南戰爭中美國也是以日本為前線基地。
但在國際社會上，反越戰運動興起，日本的學生反戰運動也愈發激烈，
於是日本與世界各國的戰爭間接地產生關聯。
抗議侵略越南
始於一九九一年的波斯灣戰爭中，日本派遣自衛隊至波斯灣，隔年成立PKO法※，派遣自衛隊至柬埔寨。
合憲？
違憲？
關於派遣自衛隊至海外是否違憲這點，常常引發討論。
二〇一五年同意可行使集體自衛權
集體自衛權
優點：
•防衛戰力的選擇增加
•能更加參與國際合作
缺點：
•日本捲入戰爭的可能性很高
這是當有密切關係的國家遭受攻擊時可行使武力的意思。
也有很多人對這是否違憲而抱持著疑問。
日本政府為了在軍事技術的高度發展與國際恐攻的威脅下保護國家，開始思考集體自衛權的必要。
由於並非一定要獲得全國人民的同意，想必這議題今後仍會持續討論下去吧。

※PKO法（國際維和行動等相關法律）

逐漸改變的日本與世界的連接方式

開國後，成功近代化的日本將領土向外擴張，但在這過程中不得不與歐美各國對抗。歐美各國的勢力也擴大遍及亞洲全域，因此開始干涉日本的行動。

馬關條約中清朝割讓遼東半島給日本，卻受到俄羅斯、法國與德國的勸說，日本最後歸還遼東半島，亦即所謂的**「三國干涉還遼」**①。之後也發生日俄戰爭，以及在該戰爭中成為關鍵的**日英同盟**②，包括後來的第一次、第二次世界大戰等，持續與歐美各國有著戰爭或外交上的交流。另一方面，日本也確立了在中國與東南亞擴張勢力的**「大東亞共榮圈」**③的目標。

然而，日本於太平洋戰爭中戰敗，在駐日盟軍總司令（GHQ）的占領下制定出新的憲法。雖然憲法規定日本不得再開戰，但日本與世界上爆發的戰爭並非毫無關係。例如**日本在越南戰爭中擔任美國前線基地的任務**，以及在一九九一年**波斯灣戰爭中首次派遣自衛隊至海外**等，日本的立場會隨著世界情勢而跟著改變。二〇〇三年的伊拉克戰爭也以人道復興支援活動、安全確保支援活動為目的而派遣自衛隊。

而現代，日本以**政府開發援助（ODA）**等新形式，更加積極與國際社會連動，這對在外交上資源貧乏的國家，也就是日本而言是不可或缺的。由於與外國的衝突會對日本經濟帶來極大的影響，因此政府謹慎行事以尋求有利的外交。而與伊斯蘭世界的外交也很重要，除了是石油的供給地，更是企業向外發展與產品的出口地。

相關①
「三國干涉還遼」▼P78

相關②
「日英同盟」▼P84

相關③
「大東亞共榮圈」▼P158

政府開發協助

由政府或政府相關機關所進行、協助發展中國家開發為目的的國際協力活動，稱為「開發協力」，為此的公共資金稱之為「政府開發協助（ODA）」。對發展中國家或國際機關提供資金與技術上的協助。

不受框架束縛的外交是日本的看家本領

日本經常在ＰＫＯ維和行動中派遣非戰鬥人員與自衛隊去中東等地，但外交上卻總是走向**順從美國型外交④**。二〇一五年通過集體自衛權、自衛隊的活動範圍、能使用的武器範圍擴大等的《安全保障關聯法案》，使日本被捲入中東紛爭的可能性更高。

一九七九年霍梅尼（Ruhllah Musavi Khomeini）在伊朗掀起伊斯蘭革命，當時歐美各國紛紛與之斷交，但日本卻對革命表示理解而採取不同的外交路線，獨立建構和伊朗的管道運輸方式。像這樣不被美國外交框架束縛的**獨自外交⑤**，對日本的今後發展而言相當必要。未來，日本也被期待能在科學技術、基礎建設等各種領域上支援其他的國家。

ＰＫＯ國際維和行動

ＰＫＯ活動就是所謂的國際維和行動。採取的立場是處於發生紛爭的當事者之間，進行停戰或軍隊撤退的監視、以及支援紛爭解決的任務。近年來，也同時對應國內紛爭和國際紛爭等，使ＰＫＯ的任務也更加多樣化。

相關④
「順從美國型外交」▼Ｐ２０８

相關⑤
「獨自外交」▼Ｐ２４２

了解日本
KEYWORD
8

災害

不斷為災害煩惱的日本

日本從以前就苦於地震的發生。

震度一級以上的地震一年發生超過一千次。

到了近現代又是如何呢？

一九二三年發生最大規模的關東大地震。

關東大地震是芮氏規模七．九的大地震，

伴隨著地震火災在各地發生，火災導致的災情更甚。

死亡、失蹤者超過十萬人以上，受害總額超過六十億日圓，這次的地震造成經濟更加惡化，使日本陷入金融恐慌之中。

震災對經濟面也造成巨大的影響。

記憶猶新的東日本大地震，在同樣的地域過去也發生過大地震。
那是在一八九六年發生的「明治三陸地震」。芮氏規模約八．二，造成超過兩萬人死亡。
一九三三年也在同地域發生芮氏規模八．一的「昭和三陸地震」。
震央
啪
過去也發生過其他的大型地震。

一九九五年發生了阪神大地震。
震央於淡路島北部，為芮氏規模七．三的大規模地震，
死亡與失蹤人數共超過六千人。
震央
1891年10月28日
濃尾地震
芮氏規模8.0/最大震度6級
1927年3月7日
北丹後地震
芮氏規模7.3/最大震度6級
1944年12月7日
東南海地震
芮氏規模7.9/最大震度6級
1983年5月26日
日本海中部地震
芮氏規模7.7/最大震度5級
自來水與瓦斯等基礎設施的修復相當費時，對住民生活造成莫大的不便，
可說是因為這起地震，使得國民的防災意識更加提升。
接著在二〇一一年發生東日本大地震，芮氏規模九．〇是世界第四的大型地震※。
搖晃
引發的巨大海嘯創下浪高四十．五公尺的紀錄，死亡、失蹤人數合計約兩萬兩千人，是相當嚴重的災害。
此次地震也引發了「核災問題」。
福島第一核電廠的一部分爐心熔毀，核爆造成放射性物質流出。
另一方面，由於日本從以前就實施防震對策，因此建築物的耐震性在國外也受到高度好評。
例如二〇一六年的熊本地震中，一八五四年搭建的「通潤橋」仍安穩未崩塌，橋的穩固可說是被職人的技術守護，才沒有被地震震垮。

※1900年後發生的第四大地震

大地震不僅摧毀都市也毀了經濟

日本被稱為地震大國。以下是明治以後災情嚴重的大地震。

- **明治時代**……一八九一年濃尾地震（死亡、失蹤人數七千兩百七十三人）
 一八九六年**明治三陸地震**（死亡、失蹤人數兩萬一千九百五十九人）
- **大正時代**……一九二三年**關東大地震**①（死、失蹤人數十萬五千三百八十五人）
- **昭和時代**……一九三三年昭和三陸地震（死、失蹤人數三千零六十四人）
 一九四四年昭和東南海地震（死、失蹤人數一千二百二十三人）
- **平成時代**……一九九五年**阪神大地震**②（死、失蹤人數六千四百三十七人）
 二〇一一年東日本大地震（死、失蹤人數約兩萬兩千人）

而在二〇一六年熊本地震造成超過十八萬名避難者。而且地震不只有這些，明治以來就像年年發生一樣發生過數起芮氏規模六至七級別的地震。

問題在於這幾起大地震除直接對人造成傷害外，對經濟也帶來莫大影響。例如在關東大地震後產生龐大的空頭支票，**震災恐慌**③對日本經濟帶來極大的打擊。此外，東日本大地震發生在二〇〇八年的雷曼兄弟事件後，讓經濟更是雪上加霜。緊接著在此地震中造成**福島第一核電廠事故**，出現眾多的避難者，替日本的能源政策投下一顆震撼彈。

日本經濟面對災害就是如此脆弱。政府對於今後也可能發生的大地震，須盡可能事前擬定好因應對策，以求將損害降到最小。

三陸地震

三陸地方在明治、昭和以及平成等年代發生三次的大地震。每次大地震都因發生海嘯而造成嚴重的災情。

相關① 「關東大地震」▼P120

相關② 「阪神大地震」▼P232

相關③ 「震災恐慌」▼P122

颱風、洪水……侵襲日本的災害不只地震

日本的災害不只有地震。一九五九年伊勢灣颱風侵襲紀伊半島、登陸伊勢灣沿岸。死亡人數四千六百九十七人，失蹤人數四百零一人，受傷人數為三萬八千九百二十一人，死傷慘重。此外，記憶猶新的二〇一四年廣島市因豪雨而發生大規模的土石流災害。隔年二〇一五年同樣因豪雨而使茨城縣常總市發生大水災，同時傳出嚴重的災情。然而，**日本每次在發生災害之後，防災技術就會更上一層樓**。

譬如**阪神大地震**後，倒塌的建築物有百分之九十五是一九八一年實施新耐震標準之前的建築物，之後日本積極進行耐震技術的開發研究。對於其他的災害也一樣，不只防災技術也致力於規格的改善，而且最重要的是各自治團體推行「打造強力防災城鎮」。從這層意義來看，**日本稱得上是「防災強國」**。

福島第一核電廠事故

受到二〇一一年三月十一日的東日本大地震的地震與海嘯的影響，東京電力的福島第一核電廠發生爐心熔毀，因而出現大量的避難者。

了解日本
KEYWORD
9

科學技術

出自日本的最先進技術

明治時代中期，日本引入歐美的技術開始進行產業革命，
與先進國相比晚了一世紀。
然而，戰後經濟進入高度成長期後，日本製品在世界獲得高度的評價。

從以前就很擅長「製作東西」的日本人，其技術與精神都受到肯定。

此外，一九四九年的湯川秀樹博士獲獎之後，

日本在理科領域裡，也出了許多獲得諾貝爾獎的人才。

這些讓社會富足並且帶動醫療技術的重要發明，使日本受到全世界的矚目。

2012年
山中伸彌博士
培育iPS細胞而獲獎

2014年
赤崎勇、天野浩、中村修二博士
發明藍光LED而獲獎

缺乏資源的日本之所以能與世界對等交鋒，

正是因為擁有這些讓日本能以最先進技術立國的實績。

在世界展現存在感的日本「製品」

開國後，因採用歐美的先進技術，日本在明治時代中期迎來**產業革命**。雖然比英國等資本主義先進國遲了近一世紀，但自此之後日本就開始急速發展。

在經濟高度成長的時代，汽車和電器用品等的日本製品，也就是所謂的**「Made in Japan」在全世界獲得高度好評**。雖是以取得歐美技術為契機，使製造業獲得發展，但如同日本傳統工藝品與建築物受到歡迎一樣，也要歸功於自古以來日本「製品」精湛的技術與認真的精神，才會有如此高度的評價。

進入二十一世紀，日本人相繼榮獲諾貝爾獎。最近獲獎的有二〇一二年，**山中伸彌博士**①在**「iPS細胞（人工多能性幹細胞）的製作」**，而獲得諾貝爾生理學獎、醫學獎。二〇一四年，赤崎勇、天野浩、中村修二博士因「藍光LED的發明與實用化」，二〇一五年梶田隆章博士的「微中子振盪（Neutrino oscillation）的發現與實用化」而獲得物理學獎。其中iPS細胞因擔負實現再生醫療的重要任務，受到全世界的高度期待。

日本的資源缺乏，活路便是誕生最先進的技術，向全世界展現自己的存在感。

產業革命

橫跨十八、十九世紀，包括棉織物生產的技術革新與製鐵業的成長等，推動工業化發展的產業革新。

相關①

「山中伸彌博士」▼P239

iPS細胞

藉由將皮膚細胞裡導入特定的四個遺傳因子，就能分化成各種細胞的萬能細胞。可望能運用在內臟製造或新藥開發等再生醫療上，而受到全世界的矚目。

值得向世界誇耀、Made in Japan

※ 以九州為中心散布在八個縣中的古蹟被登錄為世界遺產。小菅修船廠位於長崎縣，為船的建造與維修設施遺址。

酷日本在海外大放異彩

活躍於一八〇〇年代的許多西洋印象派畫家，都受到喜多川歌麿與葛飾北齋等的浮世繪極大影響。此外，一如浮世繪在海外都是以高價售出，「日本趣味（Japonaiserie）」在當時西洋世界也逐漸升溫，稱之為**「日本主義（Japonisme）」**。

進入二十一世紀，日本文化以**「酷日本」**之姿大放異彩。在美國，對日本盆栽感興趣的人急增；在法國，日本的忍者鞋受到年輕人的歡迎，而最為顯著的是漫畫和動畫等的**大眾文化領域**。**二〇一三年的日本海外播放媒體出口值約一百三十八億日圓**，其中動畫占百分之六十二以上。此外，忍者漫畫《火影忍者（NARUTO）》的遊戲創下世界累計銷售一千萬套的紀錄，動漫進攻海外展現勢如破竹的氣勢。

當然不只大眾文化，所有的日本文化在全世界都受到矚目。二〇一三年**「和食」被聯合國教科文組織（UNESCO）列為非物質文化遺產**，日本的食文化也受到關注，一八七二年建立的富岡製絲廠於二〇一四年列為世界文化遺產，由此可知日本的近現代文化也頗受好評。

以文明開化為契機，日本吸收了許多西洋文化，但如今Made in Japan的文化也在全世界受到讚賞。

日本主義

十九世紀以法國為中心，在歐洲掀起的日本趣味風潮。

酷日本（Cool Japan）

直譯是「帥氣的日本」，不只是指日本的近代文化在國際上獲得高人氣的現象，也是指其內容。

大眾文化

面向大眾而大量生產的文化。譬如動畫、遊戲與電影等皆屬此類。在日本，外務省也積極將日本的大眾文化推廣到全世界。

文化 & 技術

許多文化與科學技術也普及並浸透了全世界。讓我們來看看例子吧！

文化

去國外旅行時，便能發現日本文化以有形的方式浸透世界。有些國家的書店漫畫區裡，日本的翻譯漫畫遠多於當地的國產漫畫，此外也有很多海外青年是看日本動畫長大的。日本的文化便是藉由從大眾傳到大眾的形式，被廣大的世界接受。

漫畫

八〇年代左右，日本的漫畫開始在海外受到矚目。其契機就是《阿基拉（AKIRA）》漫畫在美國大受歡迎。在日本發行集數史上第一的《海賊王（ONE PIECE）》在亞洲的銷量也很高，而在歐美則是忍者漫畫《火影忍者（NARUTO）》搏得壓倒性的人氣。

動畫

日本第一部在海外播放的動畫是一九六三年的《原子小金鋼》。在美國等許多國家中播放，對動畫，乃至於電影界全體帶來影響。之後的《神隱少女》更獲得奧斯卡金像獎，並在柏林國際影展中獲獎，其藝術性受到高度好評。《哆啦 A 夢》《七龍珠》等動畫在日本也是歷史悠久的作品，而在亞洲至今仍擁有高人氣。

Cosplay

即穿戴電玩遊戲、動畫或漫畫裡的登場人物的服裝、髮型，扮演該角色人物的藝術行為。在日本，Cosplay 於八〇年代左右開始在同人誌即賣會中大放異彩，最早是《鋼彈》、《新世紀福音戰士》、《週刊少年 Jump》系列裡的角色人物受到 Cosplay 的歡迎。在美國原本就有打扮成 SF（Science Fiction）科幻電影的角色參加派對的文化，但像現在以各式各樣的媒體作品為背景，現在的 Cosplay 文化可説是發源自日本的。

可愛

日本女性常掛在嘴上的「かわいい（可愛，讀為 kawaii）」一詞，既是 cute，也是 beautiful，有時指的是 cool，使用的範圍相當廣泛。日本的「かわいい」雜貨或時尚，外國女性也能接受，也有積極採用的情況。這是日本人覺得理所當然但對外國人來説卻極具魅力的好例子。

MADE IN JAPAN! 源自日本的科學技術

戰爭結束後，日本在短時間經濟高度成長。在經濟成長的同時，源於日本的科學技術

日本的諾貝爾獎得獎者超過二十位，大部分是物理、化學、生理醫學等領域。稱得上是日本一步一腳印真誠的研究而成就的偉業。日本人這般認真的姿態在職人聚集的工廠也一樣，許多小型企業的製品在國際市場占有相當的比例。

杯麵

由日清食品所開發、並於一九七一年販售的「CUPNOODLE」，是世界上第一款杯麵商品。隔年的淺間山莊事件中，警察機動部隊吃杯麵的模樣在電視上播放而傳遍全日本。至今主要在北美大陸、東亞等地有很高的人氣。順帶一提，咖哩調理包也是日本發明的商品。

新幹線

即使用世界性的標準，不論像是速度、安全性、舒適性等角度來看都屬高水準的新幹線，刺激其他國家開發高速列車之外，其技術與系統也出口至其他國家與地域（台灣、英國等）。此外，新幹線所使用的螺絲與金屬板等零件，也是世界一等一的精確度。

世界第一超細針頭

超越世界級水準（外徑 0.4 ～ 0.3mm），外徑 0.2mm、內徑 0.08mm 世界最細、也不會痛的注射針頭「NANOPASS」，也是日本企業所開發。針端的形狀為了讓注射時不會感覺痛而下足了工夫。這是日本泰爾茂公司與東京墨田區的岡野工業共同合作開發。「NANOPASS」的發明，為日常生活中不得不注射的糖尿病患者或需要注射胰島素患者的生活，帶來極大的變化。

鉨（Nihonium）

因為是日本研究團隊成功開發的新元素，所以將原子號碼 113 號的新元素取名為「鉨（Nihonium）」（譯註：命名根據為日本的日語羅馬字拼法之一）。由於存在於自然界的元素已經全數被發現，所以現代新增的元素都是以人工生成的。鉨的壽命為 0.002 秒，目前仍並不穩定，但透過新元素的生成與命名帶起話題，或許能提高孩子們和一般社會對科學技術的興趣。

第1章 日本近代的序幕

1853年 黑船來航至神奈川縣浦賀

1858年 簽訂《美日修好通商條約》

1862年 生麥事件。薩摩藩藩士殺傷英人

1863年 爆發薩英戰爭

新體系與思想流入日本

幕末到明治時代這段時間是日本最大的轉捩點，經濟、政治與文化從此時開始有了大轉變。

美國東印度艦隊的黑船來航，替長達二百六十五年的江戶時代劃下休

1867年　大政奉還、王政復古大號令。新政府誕生

1868年　戊辰戰爭開始

1869年　戊辰戰爭結束。新政府統一全國

1871年　進行廢藩置縣政策

1872年　富岡製絲廠開業

1873年　徵兵令、地租改正條例公布

1874年　日本第一個政黨，愛國公黨創立

1875年　與俄羅斯簽訂庫頁島千島群島交換條約

1876年　締結江華條約

1877年　爆發西南戰爭。西鄉隆盛自決

1881年　板垣退助創立自由黨

1882年　大隈重信創立立憲改進黨

1889年　頒布大日本帝國憲法

1894年　簽訂《日英通商航海條約》

止符，也促使日本不得不走向「全球化」。

開國後，日本被迫與列強簽訂不平等條約，但同時歐美先進的技術與思想也輸入日本，掀起文明開化的波濤。因此，日本社會發生劇烈的變化，在政治上開始執行立憲政治。

日本政府為避免國家淪落為列強的殖民地，而力行殖產興業政策。此外，以經濟發展與強化軍力為目標採用富國強兵政策，企圖轉型成近代國家。

日本在短時間內增強國力，並在甲午戰爭中獲勝，成功廢除一部分的不平等條約，掀起產業革命。由此可知，明治時代是使日本成為「強大的日本」，非常重要的時期。

黑船來航與開國
痛苦的庶民、開國反對論的擴大

1853年 黑船來航

維持兩百六十年太平盛世的江戶時代突然出現四艘外國船。

給我開國！

東印度艦隊長官
馬修・佩里

畏懼巨大黑船的日本幕府，簽訂了《神奈川條約》，並同意開國。

若不趕快簽訂條約，會更加不利喔！

現在馬上簽！

締結承認放棄關稅自主權※1和領事裁判權※2的不平等條約。

1858年
日美修好通商條約簽訂

外國人利用金銀的匯差賺得利益，

大撈一筆！

而且因為貿易造成通貨膨脹，使人民的生活變得困苦。

※1 關稅的稅率可自行決定的權利

繼續放任幕府讓異國為所欲為的話，日本會毀滅的！

擁戴天皇陛下對抗異國！

尊王攘夷運動

對幕府的不滿與對外國的恐懼使尊王攘夷運動隨之高漲。

相關主題

- 經濟
- 政治
- 對美關係

※2 譬如居住在日本的外國人即使犯罪，也不會受到日本的法律制裁，而由該國籍的法律來制裁的權利。

被迫簽署的不平等條約

一八五三年，美國東印度艦隊的司令官佩里率領四艘「黑船」，來到現今的神奈川縣浦賀港，強硬的迫使日本開國。佩里隔年再度前往日本，幕府不情願地簽下《神奈川條約》（日美和親條約），並與英國、荷蘭等國簽訂同樣的條約。之後，首任公使哈里斯赴日要求簽訂《日美修好通商條約》，幕府大老井伊直弼並未獲得天皇敕許就決定簽訂條約，而招致反對開國的孝明天皇的憤怒。幕府為對抗列強企圖擴張軍備，井伊則是懲處大量開國反對派的人（安政大獄）。於是尊王攘夷論在反對派之間迅速高漲。所謂「攘夷」，指的是認為應該用武力將外國人趕出日本的想法。

另一方面，這樣的不平等條約也對庶民造成極大影響。**生絲與茶因為大量出口的關係導致缺貨，且連帶造成米等的物價高漲，庶民生活苦不堪言**。而且又從國外進口綿等廉價商品，造成農家與批發商等相繼歇業，於是攘夷論逐漸擴散。

關鍵人物

馬修・卡爾布萊斯・佩里（Matthew Calbraith Perry）（1794～1858）
美國東印度艦隊司令長官。乘薩斯喀那號（Susquehanna），於一八五三年初次來日。之後留下《日本遠征記》的著作。

哈里斯（Townsend Harris）（1804～1878）
從事亞洲貿易的美國外交官。於日本靜岡縣的下田，擔任初代駐日公使。留下著作《日本滯在記》。

井伊直弼（1815～1860）
彥根藩藩主。一八五八年就任大老。鎮壓反對派並施行安政大獄，之後遇刺身亡。

簡明圖表！

兩個不平等條約

條約名	《神奈川條約》	《日美修好通商條約》
簽訂者	（日）林煒 （美）佩里	（日）岩瀨忠震等人 （美）哈里斯
其他簽約國	英、俄、荷	英、俄、荷、法
內容	•燃料與食糧的補給 •遇難船的救助 •下田、箱館的開港 •領事駐日的認可 •給美國最惠國待遇（日本與他國簽訂更有利的條件的條約時，美國也自動享有該權利）	•領事裁判權的許可 •喪失關稅自主權 •新瀉、新奈川、兵庫、長崎的開港（下田港關港） •於開港地設置居留地

1852年的世界情勢　**法蘭西第二帝國**：拿破崙三世（Napoléon III）由國民投票而登基為皇帝，在1870年普法戰爭中遭俘。以此為契機改制為第三共和制。

明治政府的誕生
劇烈變化的日本政治體系

黑船來航後十五年，幕府將政權交還朝廷（大政奉還）。

1868年
江戶開城

幕府代表
勝海舟

薩長代表
西鄉隆盛

明治新政府將據點移至江戶。

王政復古大號令

明治天皇

明治政府是由天皇為首，薩長土肥※1的志士們擔任要職，

並且以「富國強兵」、「殖產興業」※2為口號斷然改革……

明治政府

四民平等

明治政府

農 工 商 武士

平民 士族

XX藩

○県

版籍奉還
廢藩置縣

※1 薩摩、長州、土佐、肥後。在江戶時代末期被稱為「雄藩」，於倒幕運動中立下大功。

不曉得是「富國強兵」還是「殖產興業」，莫名奇妙的稅金狂漲！

不過真是太不公平了～

還要支付士族俸祿什麼的。

因新政府急於改革，而使人民遭到犧牲……

相關主題

- 政治
- 憲法

※2「富國強兵」指的是強化產業與軍備；「殖產興業」則是指興盛產業。

1850 明治 1900 1910 大正 1920 昭和 1930 1940 1950 1960 1970 1980 平成 1990 2000 2010

尊王派從「攘夷」轉換為「開國」

至尊王攘夷運動高漲以來，外國人殺傷事件層出不窮。生麥事件後，英國人為了報復而攻擊薩摩藩的城下鹿兒島。而在一八六三年，長州藩對外國船隻無預警進行炮擊，英國、法國、美國與荷蘭組成聯合艦隊，隔年攻擊下關並占領炮台。

明白外國力量的強大後，尊王攘夷派領悟到「攘夷」已不可行，逐漸傾向建立以朝廷為中心的近代國家。另一方面，幕府宣告將第二次長州征討，然而，此時薩長同盟成立，戰況對獲得薩摩支援的長州軍大為有利，幕府不得不撤退。之後，德川將軍慶喜將政權歸還朝廷，企圖建立由德川主導且納入有力各藩的「聯合政權」（公議政體論），但在一八六七年薩長兩藩決定發動政變（藉由政變進行政權交替），**並頒布「王政復古大號令」，樹立以天皇為中心的新政府。**新政權參與者有薩摩藩的西鄉隆盛、大久保利通，以及土佐藩的後藤象二郎與長州藩的木戶孝允等人。

關鍵人物

西鄉隆盛（1827～1877）
薩摩藩士。戊辰戰爭的參謀，加入新政府後致力於廢藩置縣政策。最後因西南戰爭戰敗而自殺。

大久保利通（1830～1878）
薩摩藩士。參與新政府並致力於殖產興業政策。以新政府為中心施展權力，最後遭暗殺身亡。

木戶孝允（1833～1877）
長州藩士。吉田松陰的盟友，在倒幕運動中大顯身手。新政府中擔任參議，致力於五條御誓文的擬訂。

風俗習慣

「這樣不好嗎？」是倒幕派的陰謀？

幕末時期社會人心惶惶，因而發生多起以貧農為中心、訴求社會改造並去豪農或放高利貸的人家搗毀屋內一切的「改世一揆」現象，此現象擴散至全國。一八六七年在東海、畿內一帶，民眾一邊亂舞一邊連呼著「這樣不好嗎？」，侵入地主家強奪物品和酒食的騷動頻頻發生。有一說是倒幕派為引起混亂而故意這麼做的。

1869年的世界情勢　**蘇伊士運河開通**：於埃及北部的蘇伊士地峽所建設的運河。蘇伊士運河連接地中海與紅海，比起繞過非洲的好望角，使亞洲與歐洲的距離大約縮短一半。

廢除「士農工商」，平民的權利增加

王政復古後，由新政府開啟「戊辰戰爭」，並於一八六九年結束，統一全國。新政府從戊辰戰爭結束前就開始推行各項改革，首先是一八六八年制定「政體書」，整備政府組織。由於那是模仿美國憲法，所以權力集中在名為「太政官」的中央政府，原則上是三權分立。這在之後成為正院、左院與右院的三院制。

此外，**政府下令全國的藩「版籍奉還」，將土地與人民交還給國家**，並給予舊大名俸祿（給薪），任命其為知藩事，繼續執行藩政。**不過在一八七一年全面廢藩，改為設置縣，斷然執行「廢藩置縣」的制度**，舊大名也免除知藩事一職，被要求移居東京，取而代之的是由名為府知事或縣令的中央政府的行政長官到各縣赴任。於是新政府實現政治上的統一。

新政府廢除「士農工商」的身分制度，重新編制華族、士族與平民三族籍。平民有與華族士族結婚、冠姓氏與換職業的自由（四民平等），再加上施行徵兵制，使得特權被奪走的士族漸漸積累不滿。

近現代史祕辛

意圖消弭歧視的解放令

一八七一年頒布解放令（即賤稱廢止令），即廢止「穢多」、「非人」等名稱，使其身分也與平民相同的法令。然而，即使頒布這項解放令仍無法消弭社會中的歧視，甚至引發解放令反對一揆（譯註：「一揆」類似「起義」）。

明治政府的改革招致士族與農民的不滿

明治政府頒布禁止軍人與警官之外的人佩刀的「廢刀令」，以及同意土地買賣的「田畑永代賣買解禁」等，進行各項改革。由於政府的改革過為急促而產生各種矛盾，使得士族與農民非常不滿。

簡明年表！

- **1869** 東京遷都、版籍奉還
- **1871** 新貨幣條例、廢藩置縣
- **1872** 田畑永代賣買解禁
國立銀行條例
- **1873** 徵兵令、地租修正條例
- **1875** 設置元老院、大審院
- **1876** 廢刀令
- **1878** 地方三新法制定
- **1879** 廢止琉球藩、設置沖繩縣

簡明圖解！

中央官制的組織圖

下圖是廢藩置縣後的明治政府組織圖。
正院、左院、右院的三院制，
尤其身為政府最高機關的正院之下彙集各省。

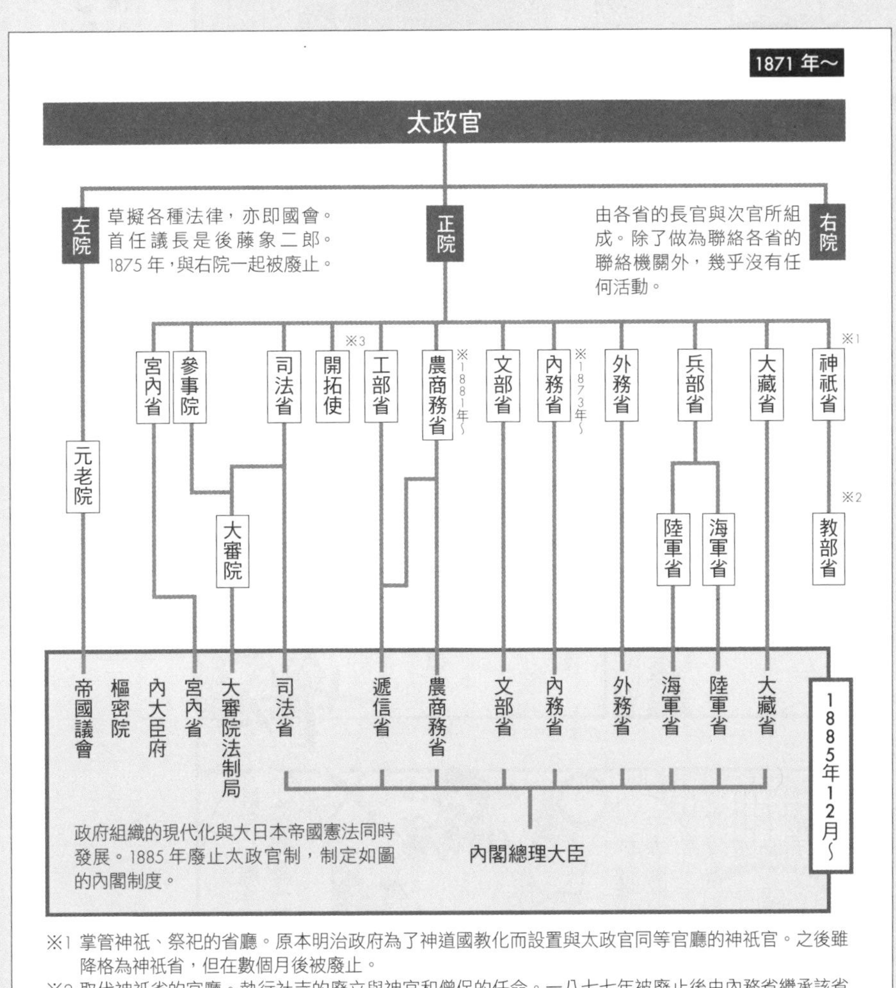

※1 掌管神祇、祭祀的省廳。原本明治政府為了神道國教化而設置與太政官同等官廳的神祇官。之後雖降格為神祇省，但在數個月後被廢止。
※2 取代神祇省的官廳。執行社寺的廢立與神官和僧侶的任命。一八七七年被廢止後由內務省繼承該省的業務。
※3 為開拓北方所設置的官廳名稱。

譯注：人物為日本單口相聲「落語」常出現的人物。

文明開化
近代化的波濤湧向國民

喂！隱居先生！
去吃牛肉鍋吧！
小千代！
吵死了，之前那家店如何？
八五郎！！
咔鏘 咔鏘
明治六年（一八七三年）銀座紅磚瓦街道※1
都二月了還那麼冷……
啊！隱居先生，「二月」是以前的曆制哦！
現在用的是陽曆※2，所以是三月了。
…好多都改變了啊，我家的千代竟然說要去上學。
我想去上學！！
女孩子也唸起書啦。
就讓她去吧，千代很聰明很適合唸書啊！
是這樣嗎……
沙沙
神佛分離令也是……之前都是一起的，
神和佛不一樣嗎？
八幡樣
八幡神
八幡大菩薩
神道 佛教
好像還有破壞寺廟的和尚，
反正你也是個窮光蛋，牛肉鍋我請客吧。
神萬歲、佛萬歲、隱居大人萬歲！
牛

相關主題

- 政治
- 文化

※1 紅磚瓦建造的街道建築。在關東大地震中倒塌。
※2 明治政府於 1872 年採用陽曆（參見 64 頁）。

1850
明治
1900
1910
大正
1920
昭和
1930
1940
1950
1960
1970
1980
平成
1990
2000
2010

自由、人權思想在日本初次登場

以富國強兵為目標的明治政府，認為國民必須跟著近代化，因而引進西洋的技術思想。自此掀起歐美化的風潮，稱之為「文明開化」。起初僅限於大都市圈，通稱「日本橋邊的文明開化」。

其中一項改變是「日刊新聞報與雜誌的創刊」。任職江戶幕府通詞（口譯）的本木昌造成功大量製造出鉛版活字印刷，因而發行各式各樣的出版品。尤其書籍中福澤諭吉的《論學問》及翻譯自彌爾著作的《論自由》等書大受歡迎，**個人主義與自由主義等啟蒙思想以年輕人為中心向外擴散。**

在教育方面，新設立的文部省頒布學制，全國因此創立許多小學，實現男女平等的教育制度。一八七七年也設立東京大學。

宗教領域上提出「神佛分離令」，禁止將神道與佛教融合為「神佛習合」的單一信仰體系，並訂定神道為國教的方針。

關鍵人物

本木昌造（1824～1875）
為江戶幕府接待外國人與負責翻譯的通詞、教育家。日本活版印刷的先驅。一八六九年於長崎、一八七二年於東京創立活版印刷廠。

福澤諭吉（1834～1901）
元豐前中津藩士。身為啟蒙思想家，曾三次遠渡歐美。慶應義塾的創立者。透過著作將思想影響國民。

約翰．彌爾（John Stuart Mill）（1806～1873）
英國哲學家。著作為《論自由》，一八七二年由中村正直翻譯成日文版。

風俗習慣

日本最初的「洋服」是軍用的

日本國民開始穿洋服是在明治維新以後。由於洋服便利性高，從幕末到明治維新時代大多用於軍服上。進入明治時代後，穿洋服的人以警官和教職人員為主。此外，一八七一年頒布「散髮脫刀令」，所謂的「散切頭」開始流行，於是西洋文化逐漸浸透人民的生活。

1869年的世界情勢

美國舉行第一回職棒聯賽：自1860年代後半起，棒球流行並普及到全美各地。1869年出現領薪的職業棒球隊。

1871～

Historical Events 04

征韓論．台灣出兵
明治時代複雜的東亞情勢

咚!!碰!!

相關主題

- 東亞外交
- 世界情勢

琉球合併造成與清朝的爭鬥

新政府在一八七一年派遣由岩倉具視擔任大使的使節團前往歐美。這段期間，**關於「征韓論」的論調，也就是打算以武力逼迫採取鎖國排外政策的朝鮮開國的言論在三條實美、西鄉隆盛與板垣退助等留守政府的人之間高漲**。然而，使節團歸國後，遭到岩倉與大久保利通等人以國內整備優先為由反對，導致計畫受挫，最後西鄉、板垣一同辭職（明治六年政變）。之後，一八七五年日本軍艦於朝鮮江華島做出挑釁行為，在受到炮火攻擊後，日本趁機用強硬手段逼迫朝鮮開國，一八七六年締結《江華條約》。

另一方面，在一八七一年和清朝簽訂對日本而言首次的「平等」條約《中日修好條規》。然而在隔年，**政府將當時為清朝和日本兩屬之地的琉球擅自納為直轄地，受到清朝強力反對**。一八七一年台灣發生琉球漂流民被害事件，日本藉此向台灣出兵，使得日本與清朝的對立更加嚴重，不過因為英國的調停使得事情被壓了下來。清朝支付賠償金給日本，日本廢琉球藩設置沖繩縣。

簡明地圖！

日本北方領土的變化

《日俄和親條約（1854 年）》庫頁成為日俄兩國人的居留地雖未劃分界線，但在《庫頁島千島群島交換條約（1875 年）》中，庫頁的主權屬於俄羅斯，而千島群島主權則由日本所擁有。

關鍵人物

岩倉具視（1825～1883）公家、政治家。與薩長聯手致力於王政復古。在新政府擔任右大臣。對征韓論持反對立場。

三條實美（1837～1891）京都出身。做為攘夷派的指導者提攜人才。在新政府中擔任太政大臣、內大臣等職務。

1871年的世界情勢

德意志帝國成立：由普魯士國王登基為德意志皇帝的聯邦國家。被稱為「德意志帝政」。此帝國存續到一九一八年第一次世界大戰戰敗為止。

佐賀之亂・神風連之亂・西南戰爭
不滿新政府的士族叛亂

徵兵制的設立使得士族存在的意義消失。
1871年
廢刀令
禁止戴刀行走，也停止支付俸祿，
許多士族因而變得貧困。
俸祿
士族
抱歉……
父親大人？

1874 佐賀之亂
居然奪走一直守護日本的士族的特權，
打倒明治政府！
江藤新平
但士族卻被徵兵而來的農民軍隊所鎮壓。

1877年
西南戰爭
我等也起義吧！
和在征韓論爭中失敗的我一樣……！
西鄉隆盛
很好！這具身體就交給你們士族吧!!
這時代已經不需要士族了……
西鄉隆盛發起最大規模的叛亂，但在西南戰爭中最後還是被鎮壓平定。

相關主題

- 社會問題
- 政治

令西鄉隆盛自裁的西南戰爭

西鄉一派留守政府的征韓方針，被認為是為了將士族的不滿矛頭轉向國外。當時，士族與農民、町人身分變得相同（四民平等），且過去的特權都被奪走。士族累積的不滿在征韓派參議因「明治六年政變」下台而爆發。士族們在各地展開的反政府運動益發激烈，終於在一八七四年，以佐賀的江藤新平為首的征韓黨起義叛亂（佐賀之亂）。一萬二千人襲擊佐賀縣廳，但被政府軍鎮壓。接著熊本的「神風連之亂」、福岡的「秋月之亂」與山口的「萩之亂」等士族引發的叛亂接二連三，但全被農民兵成功壓制。

接著在一八七七年，**爆發最大規模的叛亂「西南戰爭」**。**以鹿兒島的私學校學生為中心、西鄉隆盛為領袖引發的士族叛亂**，政府雖然花了半年才鎮壓住，但最後反叛軍敗退，西鄉也自裁身亡。從此之後，再也沒有能以武力扳倒政府的勢力。而日本政府後來改由伊藤博文與大隈重信等人所領導。

關鍵人物

江藤新平（1834～1874）
佐賀藩出身的政治家，擔任司法卿致力於法制的統一。因在征韓論爭中失敗下台，並在佐賀之亂中戰敗而被判處死刑。

伊藤博文（1841～1909）
長州藩出身。大久保利通死後，成為政府的最高指導者。創立內閣制，就任為首任首相。

大隈重信（1838～1922）
佐賀藩出身。曾任參議、大藏卿，並兩度擔任首相。創辦東京專門學校（現為早稻田大學）。

近現代史祕辛

中止派遣朝鮮的大臣代理岩倉具視

一八七三年八月，內閣議會中決定派西鄉隆盛前往朝鮮，天皇也認同此事。然而，岩倉具視與大久保利通卻以為期尚早為由提出反對，引發激烈的論爭。後來雖決定於十月再度派遣，但岩倉與大久保提出辭呈與之對抗。由於當時的太政大臣三條實美病倒，變成大臣代理的是地位次高者的岩倉，於是岩倉立刻決定中止派遣朝鮮的行動，天皇也同意此事，西鄉等人憤而辭職下台。

1877年的世界情勢　**俄土戰爭（1877～1878）**：鄂圖曼帝國領巴爾幹半島的斯拉夫各民族為反抗土耳其的支配而叛變。因俄羅斯帝國介入而爆發戰爭。

自由民權運動受到嚴厲鎮壓的民主改革

新政府雖斷然進行改革，民眾的不滿卻已達極限。

亂發法定貨幣※造成物價爆漲……真過分啊！

跟以前相比負擔增加了哪。

可是，庶民沒有影響政治的權利耶！

自由民權運動

這樣太奇怪了!! 庶民也必須擁有發言權！

現在的政府是由薩摩、長州出身者獨占掌權，執政治的牛耳!!

板垣退助

應該如西歐諸國般由國民選出的議員扛起政治！

國會開設之敕諭

憲法不能由你們制定！

Boo!!

Boo!!

該由天皇陛下制定！

Boo!!

為壓制高漲的民權運動而祭出國會開設之敕諭。

自由黨 板垣退助

板垣退助創立自由黨，大隈重信創立立憲改進黨。

立憲改進黨 大隈重信

相關主題

- 社會問題
- 政治
- 憲法

※ 不得兌換金或銀，以政府的信用為基礎所發行的紙幣。現代日本的紙幣也可稱為法定貨幣。

1850　明治　1900　1910　大正　1920　昭和　1930　1940　1950　1960　1970　1980　平成　1990　2000　2010

政府畏懼社會運動而用法律壓制

自由民權運動一言以蔽之就是要求「民主改革」的運動。征韓論爭中失敗而下台的板垣退助、後藤象二郎、江藤新平等人在一八七四年向太政官的左院提出〈民撰議院設立建白書〉（譯註：即創立國會的建議書）。這是自由民權運動擴展的契機。建白書的內容是批判大久保利通等人的有司專制（政府裡靠少數有力人士執行的專制政治），要求「創立國會讓人民參與政治」。

此建白書被刊登在報紙上，獲得不平士族極大的回響。板垣等人之後創立了政治結社的「立志社」，推行民權運動。隔年一八七五年以立志社為中心結成全國性的政治結社「愛國社」，主要訴求是制定憲法和創立國會。但**政府設立兩項法律與之對抗。一項是「讒謗律」，禁止透過著作品毀損或批判官僚名譽，違者處以裁罰**；另一項是「報紙條例法」，將攻擊政府的報紙、雜誌處以停止發行等處分。

關鍵人物

板垣退助（1873~1919）
土佐藩出身。於新政府擔任參議。在征韓論爭中敗北後，創立立志社、愛國社，推行自由民權運動。

後藤象二郎（1873~1897）
土佐藩出身。明治政府的參議，於征韓論爭中敗北而下台。身為自由黨的黨魁，一八八九年入閣黑田內閣。

近現代史祕辛

緊縮財政政策下犧牲的少女們

一八八〇年代後半的農村把大多的年輕勞動力送到鄰近的工廠或都市區，其中大半為未成年的少女。其實是因為國策之故導致農家崩壞，少女們幾乎等同於被父母賣身出去工作。所謂的國策指的是大藏大臣松方正義的通貨緊縮政策。一八七〇年代起推行殖產興業政策而大量發行法定貨幣（不可兌換成金、銀等），造成日本國內掀起激烈的通貨膨脹。松方為抑止這情形靠國策強硬地降低物價，結果造成農產物的價格暴跌。

1884年的世界情勢

中法戰爭：1884 年 8 月至 1885 年 4 月所發生的戰爭。法國與清朝為爭奪越南的所有權而開戰，最後由法國獲勝。

最後由民權派成功頒布憲法

另一方面，政府也運用懷柔政策，大久保答應已下台的板垣與木戶「近期召開制定憲法的國會」，讓兩人回歸政府任職。之後，西南戰爭（參見60頁）結束，再也無法靠武力扳倒政府。相反的，民權運動因捲入了豪農和一般農民而勢力更加擴大。相對於此，政府用集會條例來取締，但民權派訴求由自己擬定憲法草案，民權運動更加升溫。

這時政府於一八八一年頒出國會開設之敕諭，並在一八九〇年之前創立，消滅了民權派的的氣焰。**而民權派以板垣為總理創立日本最初的政黨「自由黨」。此外，在自由黨創立的同年被政府流放的大隈重信，於一八八二年創立立憲改進黨。**

不過，由於松方通貨緊縮政策造成農產物價格暴跌，爆發多起破產的農民們襲擊地方自由黨員和高利貸者的事件，造成自由黨解散。自由民權運動雖然衰退，但在一八八六年左右要求創立國會的民權派再度結集，激烈地攻擊政府。政府在進行壓制的同時，另一方面也在一八八九年二月頒布大日本帝國憲法。

風俗習慣

轉換成陽曆

一八七二年，政府廢止舊曆的太陰太陽曆，採用陽曆。依陽曆，一天變成二十四小時，一週為七天制。不過，由於農村地區的農業與生活行事等的關係而持續使用舊曆，移至新曆仍花費不少時間。

簡明地圖！

自由黨眾引發的暴動

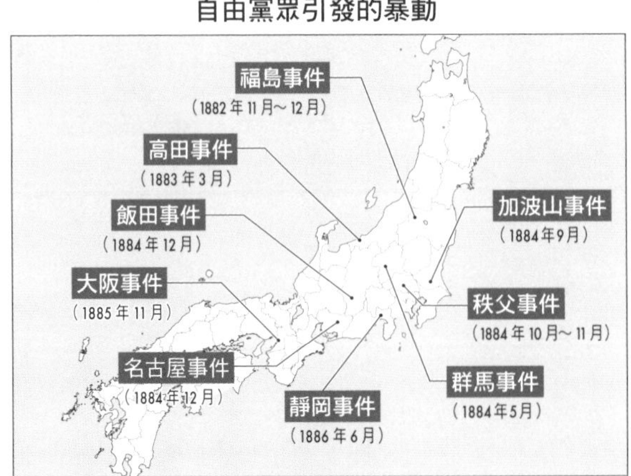

1880年代前半期，破產的農民們以自由黨員為指導者，爆發多起襲擊高利貸者的事件，暴動事件遍及全國。

簡明年表！

民權運動與政府的動向

從民權運動與政府動向兩方的視角，
依年表來追溯自一八七四年的民撰議院設立建白書，
至一八八九年的大日本帝國頒布憲法等一連串的動作。

年	民權運動的動向	政府的動向
明治 7 年（1874）	愛國公黨創立 民撰議院設立建白書（向左院提出）	
明治 8 年（1875）	愛國社創立	• 大阪會議→逐次樹立立憲政體的詔書 • 元老院、大審院設立 • 公布讒謗律、報紙條例
明治 11 年（1878）	愛國社的復興	公布地方三新法
明治 13 年（1880）	國會期成同盟創立 （遞出創立國會的請願書也不受理）	公布集會條例法
明治 14 年（1881）	出售開拓使官有物事件引發問題、創立自由黨	明治十四年政變 （大隈重信遭到罷免）
明治 15 年（1882）	大隈重信創立立憲改進黨、板垣遇難事件、福島事件	伊藤博文為調查憲法前往歐洲
明治 16 年（1883） ≀ 明治 19 年（1886）	自由民權運動的問題相繼發生 高田事件（1883） 群馬事件、加波山事件、秩父事件、名古屋事件、飯田事件（1884） 大阪事件（1885） 靜岡事件（1886）	內閣制度開始（1885）
明治 20 年（1887）	三大事件建白運動 （於元老院提出地租減輕、締結對等條約、言論集會的自由等）	保安條例的公布
明治 21 年（1888）		設置樞密院
明治 22 年（1889）		大日本帝國憲法公布
明治 23 年（1890）	立憲自由黨創立	第 1 屆總選舉

決定創立議會和制定憲法的新政府派遣伊藤博文至歐洲。

德國

柏林

憲法制定得加快腳步！

列強各國根本不把我們放在眼裡。

伊藤向與日本國情相似的德意志憲法學習。

一八八五年伊藤博文就任首任總理大臣。

要近代化就必須要有憲法……

得盡早擬定憲法草案。

1886年

這樣啊……

政府的預算案即使遭議會否絕，

也該依天皇的裁決通過才對。

德國的法學者
羅斯勒

1887年

神奈川
夏島

羅斯勒先生列的條目違反立憲主義！

應該給予議會權力才對！

沒錯!!

伊藤博文參考德國憲法擬定憲法草案（夏島草案）。

井上毅

相關主題

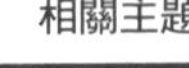

政治
憲法

1888年
在樞密院
審議
伊藤博文成為樞密院議長，在樞密院審議憲法草案並通過。
1889年
大日本帝國憲法
頒布
就這樣頒布正式的憲法《大日本帝國憲法》，日本邁出成為立憲君主國的第一步。
敲鑼打鼓
どんちゃん
可喜可賀！天皇陛下賜絹布的法被※了!!
頒布憲法了！了不起的法律成立了！
どんちゃん
理解憲法的人不多……
的確，在日本制定憲法可說是民眾的理想。
不過民眾若不自立，就無法與西洋各國抗衡。
福澤諭吉

※ 譯注：「憲法的發布」日文音近「絹布的法被」，當時的民眾不明白憲法是什麼，以為天皇賜法被而開心歡呼。

一口氣強化天皇與政府的權力

答應制定憲法和創立國會的政府，於一八八二年派遣伊藤博文等人前往歐洲，目的是憲法的調查，於是伊藤學習德國式的憲法理論後隔年回國，並在一八八六年左右準備正式來制定憲法。

在德國顧問羅斯勒的建言下，由井上毅、伊東巳代治、金子堅太郎負責草擬憲法。此外，一八八八年設置做為憲法審議機關的樞密院，並由伊藤博文就任首任議長。草案完成後，在天皇同席下於樞密院再三審議，終於在一八八九年二月十一日，頒布〈大日本帝國憲法〉（明治憲法）。**這部欽定憲法（由君主制定憲法）最大的特徵是天皇的權限極大**。憲法中明記天皇是「神聖不可侵犯」的國家元首，擁有一切統治權，做為「天皇大權」擁有陸海軍統帥權、宣戰、談和與簽訂條約的權利。

此外，統帥權是從內閣獨立出來，由直屬的參謀本部來輔佐。

關鍵人物

羅斯勒（Roesler）（1834～1894）
德國的法學者。一八七八年赴日擔任政府顧問。對明治憲法制定有很大的貢獻。

伊藤博文（1841～1909）
一九〇五年就任韓國統監府首任統監。一九〇九年主動辭職。之後在哈爾濱車站遭到暗殺。

簡明圖解！

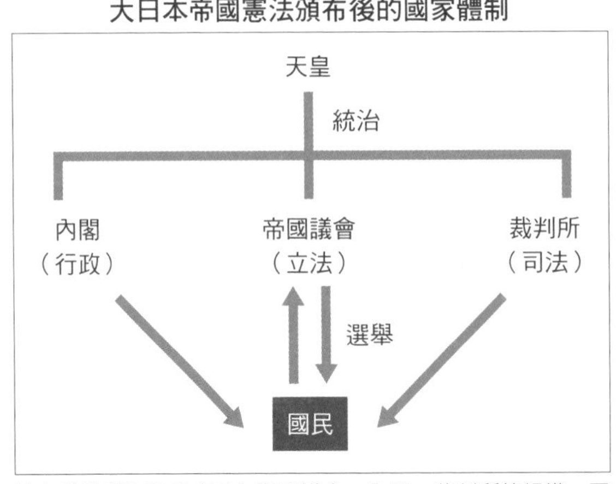

擁有統帥權的天皇底下有帝國議會、內閣、裁判所等組織。司法權從行政權獨立出來，成為三權分立的體制。

1850 明治 1889 1900 1910 大正 1920 昭和 1930 1940 1950 1960 1970 1980 平成 1990 2000 2010

參與政治的國民極為少數

憲法中對帝國議會也有相關規定。議會分為眾議院與貴族院，兩院擁有對等的權限。眾議院由選舉所選出的國民擔任代表；貴族院則是由皇族、華族的世襲議員、天皇任命的敕任議員（對國家有功的勅選議員）與各府縣納稅金額高的議員所構成。兩院的權限對等，而貴族院大多在批判政黨，限制政黨內閣。

國民在憲法上被規定為「臣民」，擁有信仰自由與言論、集會、出版、結社的自由，以及不可侵犯之所有權。

與憲法同一時期頒布眾議院選舉法，國民有參與國政的權利。選舉人的資格是「滿二十五歲以上的男性，直接國稅達十五圓以上者」。所謂的直接國稅是所得稅、地租（土地課徵的稅）與營業稅等。由於這個限制，**當時有權者限於都市的上層人民或擁有中等程度以上規模田地的地主或豪農，只占人口的百分之一・一**，之後經過幾次選舉法的修正，有權者終於逐漸增加。

近現代史祕辛

從這時代開始檯面下的政界工作變得常見

眾議院雖擁有預算先議權，但政府卻擁有當議會不通過預算時，可以執行前年度預算的權利。然而，由於預算增額或稅制修改需要有兩院的同意，所以政府必須和多數派政黨妥協、採納意見，並且任命政黨員為大臣，頻繁進行讓交涉變得容易等的政界工作。在這樣的過程中，政黨逐漸增加影響力。

風俗習慣

受限的女性權利

政府雖制定出男女平等的教育政策，但之後方針卻大幅轉向。法律上也對女性的權利有很大的限制，譬如一八八二年實施的刑法中，包含了懲罰妻子通姦的通姦罪、懲罰墮胎的墮胎罪等。此外，民法中也重視男性的戶主，守護封建的家庭制度。妻子「在法律上被視為是無能力的」，威脅著女性的社會地位。而墮胎罪的規定至今仍存在。

1889年的世界情勢

巴黎世界博覽會：於攻占巴士底獄事件一百周年時舉辦，而為配合博覽會，艾菲爾鐵塔建立。巴黎開辦的世界博覽會為第四次國際博覽會。

修訂不平等條約 日本獲得與歐美各國對等的地位

與歐美各國的不平等條約對日本造成極大的阻礙。

總是對外國唯命是從!!

日本

列強

這樣下去只會得不償失！

岩倉使節團前往美國交涉修改不平等條約，卻被一口拒絕。

完全沒被放在眼裡…!!

1872年 岩倉使節團

呵呵呵…我們不會同意這件事的。

外相 陸奧宗光

日本制定憲法，執行富國強兵政策，打贏了甲午戰爭之後，

簽訂對等的條約吧！

1894年 日英通商航海條約締結

恭喜啊!

恭喜啊!

遠東列強 日本

外相 小村壽太郎

日俄戰爭中獲勝的日本…

日本已經是列強之一了，就同意完全恢復關稅自主權吧。

1911年 恢復關稅自主權

日本靠著不懈怠的外交努力終於成功廢除不平等條約，

距黑船來航的五十年後，終於成為與列強平起平坐的國家。

相關主題

世界情勢

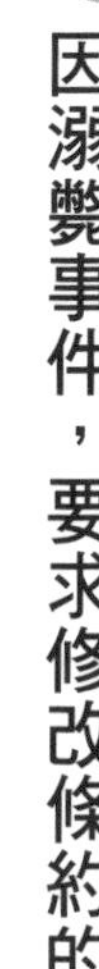

因溺斃事件，要求修改條約的輿論高漲

一八八六年，發生英國的載貨汽船諾曼頓號遇難沉船時，外籍船員全數獲救，但日籍乘客全員溺斃的事件（諾曼頓號事件）。**船長在領事裁判中獲判無罪，對此要求修改條約的輿論高漲**。在當時一再提出廢除領事裁判權與提高進口關稅的想法，負責交涉條約修正的井上馨外務卿，也因該事件的影響中止交涉並辭職下台。

進到一八九〇年代，擔心俄羅斯勢力進攻東亞的英國，大大扭轉反對修改條約的態度。另一方面，在帝國議會中，在修改條約的同時同意內地雜居（將內地開放給外國人），但因擔心外國人的自由商業活動，反對修改條約的聲音也不少。但在第二次伊藤博文內閣的陸奧宗光外相獲得自由黨的支持，於**一八九四年成功簽訂日英通商條約**，**終於廢除領事裁判權**，**恢復部分的稅權**。之後，日本也與其他國家修改不平等條約，最後在一九一一年，第二次桂太郎內閣的小村壽太郎外相，終於**成功完全恢復關稅自主權**。自此日本獲得與列強平起平坐的地位。

關鍵人物

陸奧宗光（1844～1897）
曾任任駐美公使與第二次伊藤內閣的外相。致力於簽訂甲午戰爭（參見78頁）的談和條約。

小村壽太郎（1855～1911）
日向飫肥藩出身。第二次桂內閣的外相。在締結日英同盟協約、日俄戰爭談和會議上大顯身手。

簡明年表！

條約修正的歷史

曾多次觸礁的條約修正交涉，用年表來回顧主要的動向。

1878
交涉恢復稅權，卻遭英、德反對而失敗

1882～87
井上馨主要的目的是恢復法權，因國內的反對而失敗

1888～89
大隈重信與各國個別交涉也因由外國人擔任審判長的大審院任用問題而放棄

1894
陸奧宗光成功恢復法權，成功恢復稅權的一部分

1911
小村壽太郎成功恢復所有關稅自主權

1911年的世界情勢

辛亥革命（1911～1912）：在中國爆發的民主主義革命。該革命促使亞洲誕生第一個共和制國家——中華民國。

一看就懂

第1章 總結

歷經幕末的動亂而誕生的明治政府，採用富國強兵與殖產興業等政策，目標是轉型為近代國家。在這世界上獨一無二的大變革中，日本開始邁向大國之路。

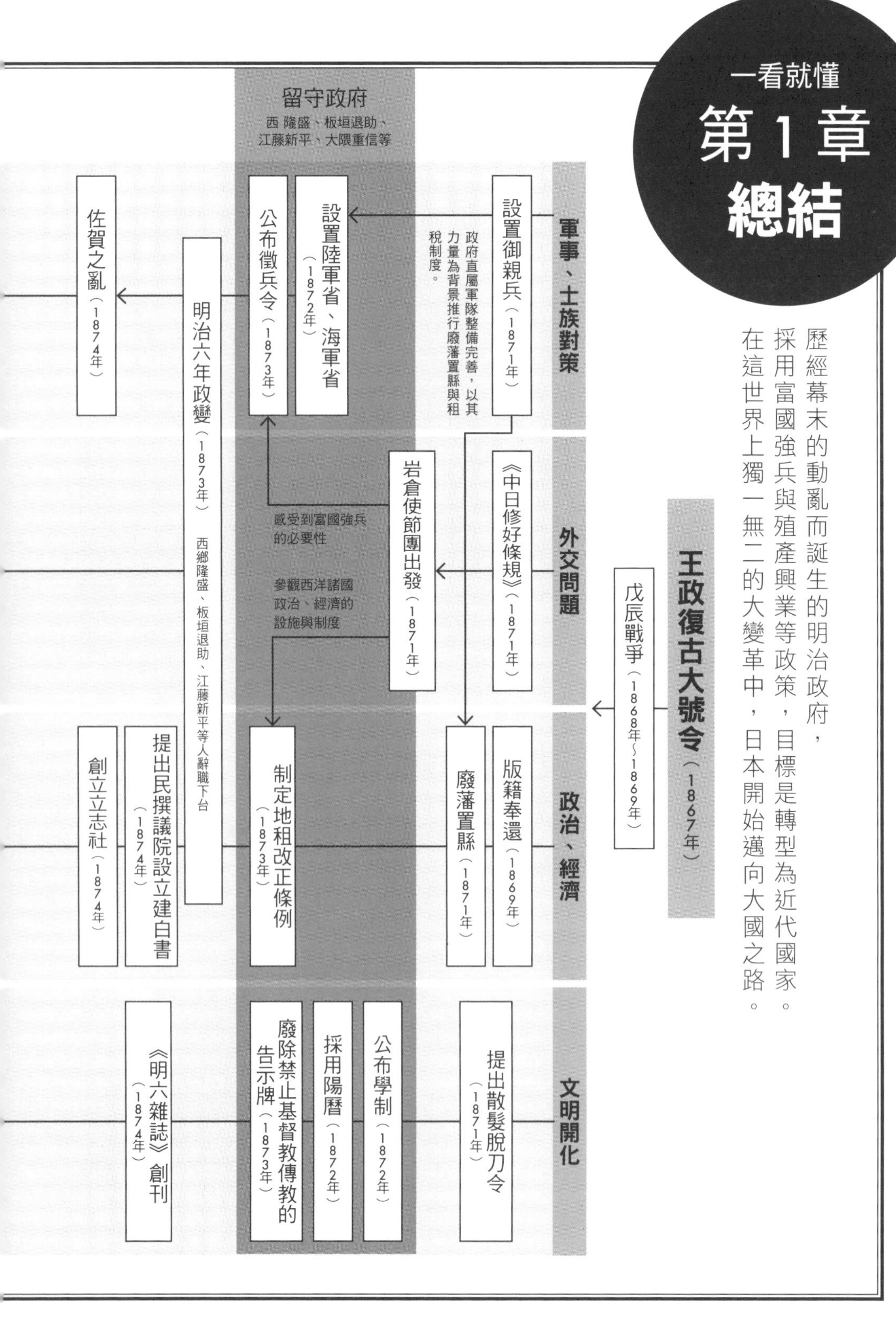

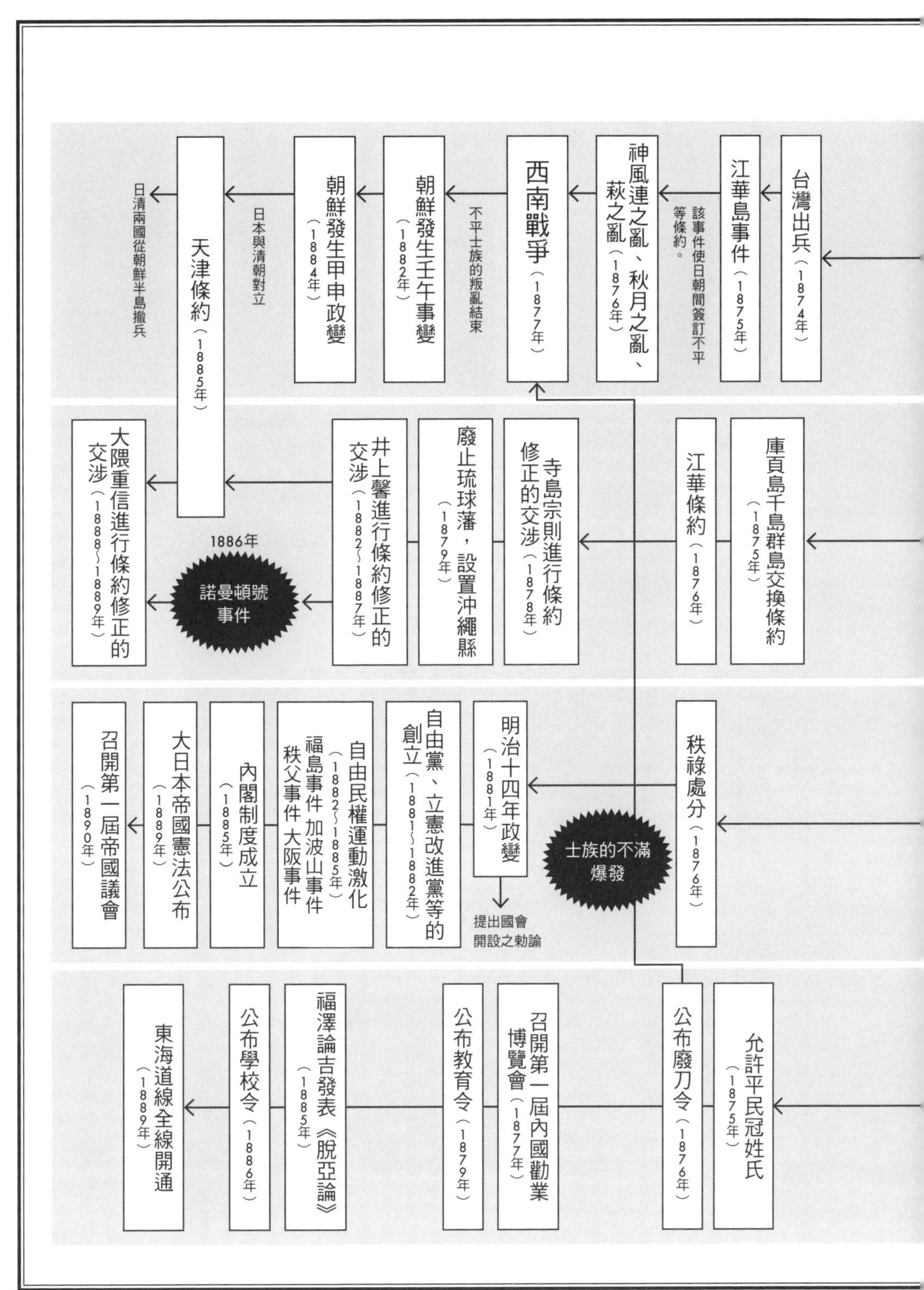
台灣出兵（1874年）
江華島事件（1875年）
該事件使日朝間簽訂不平等條約。
神風連之亂、秋月之亂、萩之亂（1876年）
西南戰爭（1877年）
不平士族的叛亂結束
朝鮮發生壬午事變（1882年）
朝鮮發生甲申政變（1884年）
日本與清朝對立
天津條約（1885年）
日清兩國從朝鮮半島撤兵
庫頁島千島群島交換條約（1875年）
江華條約（1876年）
寺島宗則進行條約修正的交涉（1878年）
廢止琉球藩，設置沖繩縣（1879年）
井上馨進行條約修正的交涉（1882~1887年）
1886年
諾曼頓號事件
大隈重信進行條約修正的交涉（1888~1889年）
秩祿處分（1876年）
士族的不滿爆發
明治十四年政變（1881年）
提出國會開設之敕諭
自由黨、立憲改進黨等的創立（1881~1882年）
自由民權運動激化（1882~1885年）福島事件 加波山事件 秩父事件 大阪事件
內閣制度成立（1885年）
大日本帝國憲法公布（1889年）
召開第一屆帝國議會（1890年）
允許平民冠姓氏（1875年）
公布廢刀令（1876年）
召開第一屆內國勸業博覽會（1877年）
公布教育令（1879年）
福澤諭吉發表《脫亞論》（1885年）
公布學校令（1886年）
東海道線全線開通（1889年）

看史料懂更多 明治時代（前期）

奉天皇為首的新政府誕生，開始走在近代國家路上的時代。派遣岩倉使節團至歐美等，為修改不平等條約傾注全力。

明治政治領袖的變遷

明治時代由活躍於幕末的志士們擔任政權中樞。
由於薩長土肥出身的志士占了大部分，而被稱為「藩閥政府」。

1868

維新三傑

1870

西鄉隆盛（薩摩）
駐守留守政府，實施徵兵令與學制等。

大久保利通（薩摩）
首任內務卿，推行殖產興業政策。

木戶孝允（長州）
提出版籍奉還的意見書，實施官制改革。

1880

內閣制度的啟程

首任、5代、7代、10代

伊藤博文（長州）
四度擔任首相。為大日本帝國憲法草擬的中心者。

2代

黑田清隆（薩摩）
西鄉與大久保死後，做為薩摩閥的大人物曾任首相。

3代、9代

山縣有朋（長州）
日本陸軍的大人物。身為元老影響力長達至大正期。

4代、6代

松方正義（薩摩）
日本銀行的設立，金本位制的確立等，在財政方面大顯身手。

1890

公家出身者

三條實美（公家）
曾任太政大臣等職，調停政府內的對立有功。

岩倉具視（公家）
岩倉使節團的全權大使，前往歐美見習。

牽引自由民權運動

板垣退助（土佐）
創立自由黨，自由民權運動的牽引者。

大隈重信（肥前）
兩度擔任首相，組織初代政黨內閣。早稻田大學的創立者。

明治時代前期的事件

明治政府為追上列強諸國，推行富國強兵與殖產興業，
並派遣岩倉使節團至海外。但在另一方面，也被迫應付不平士族的叛亂。

西南戰爭

西鄉隆盛在不平士族最大的據點舉兵，於九州各地開戰。其中在田原坂的戰役是西南戰爭中最激烈的一場激戰。

《田原坂合戰之圖》

富岡製絲廠

1872 年，現今的群馬縣富岡市所建立官營的模範機械製絲工廠，引進最新的機具，並將製絲技術傳向全國。

《上州富岡製絲廠之圖》

岩倉使節團

岩倉使節團的領袖們。左至右為木戶孝允（副使）、山口尚芳、岩倉具視（全權大使）、伊藤博文、大久保利通（副使）。

明治六年政變

對於征韓論，政府的領袖們意見各分兩派，而意見被駁回的西鄉隆盛（由右起第四人）辭職下台。

《征韓論之圖》

※ 除岩倉使節團的照片外，皆藏於國立國會圖書館。

第2章 晉升列強

1894年 爆發甲午戰爭（～1895年）

1895年 簽訂《馬關條約》。俄、德、法三國干涉還遼

1896年 簽訂《中日通商行船條約》

由於進攻大陸，日本掀起產業革命

到了明治時代後期，日本積極進攻大陸。為爭奪朝鮮半島，日本從八〇年代便持續與清朝對立，且在一八九四年，朝鮮發生東學黨之亂時藉機引發甲午戰爭。這場戰爭是日本

1900年　庚子拳亂。八國聯軍出兵
日本制定治安警察法

1901年　官營的八幡製鐵所開業

1902年　締結日英同盟協約

1904年　日俄戰爭開戰
與韓國簽訂日韓議定書

1905年　日本在日俄戰爭中獲勝。簽訂《樸資茅斯條約》
第二次日韓協約。於漢城（譯註：今首爾）設置韓國統監府

1906年　設立南滿洲鐵道株式會社

1907年　海牙密使事件。締結第三次日韓協約
與俄羅斯簽訂《第一次日俄協約》

1909年　伊藤博文在哈爾濱遇刺身亡

1910年　簽訂日韓合併條約

1911年　清朝發生辛亥革命

1912年　中華民國成立

首次與大國對戰並獲得勝利，在《馬關條約》中，清朝被迫支付大額賠償金，以及割讓遼東半島與台灣。

然而，受到俄羅斯、法國與德國三國的干預，日本不得已被迫歸還遼東半島。至於清朝因甲午戰爭而曝露自身體質的弱化，引來歐美各國覬覦。此外，三國干涉還遼是造成日俄對立的決定性因素，十年後為爭奪朝鮮爆發日俄戰爭。

此一戰役中，日本面臨絕望般的資金困難，但在重覆一進一退中，最終戰勝了俄羅斯。此次的勝利成為日本向世界展現力量的轉機。但是，雖然奪得滿洲一切的利益與權力，賠償金卻連一毛都沒拿到。另一方面，因戰爭之利，鋼鐵公司的生產效率提高，造船業與軍事工業等重工業得以蓬勃發展。

甲午戰爭．三國干涉還遼
日本首次戰勝外國的戰爭

歐美列強
日本對俄羅斯南下進攻亞洲之事抱持警戒。
清
朝鮮
不將朝鮮納入日本勢力，對抗俄羅斯的話……
日本
日本啊！
朝鮮發生內亂，
受朝鮮之託派軍前來助陣啦。
東學黨之亂
1894年
甲午戰爭
為了進攻亞洲，清朝給我放開朝鮮！
東方的島國竟然這麼囂張……！
日本向「沉睡的獅子」的清朝開戰，
並靠著近代化的軍隊擊敗了清軍。
列強
1895年
馬關條約
除了放開朝鮮外，也請支付賠償金！
日本向清朝提出種種了要求，
但列強並未袖手旁觀。
ククク…
咯咯

相關主題

- 東亞外交
- 世界情勢

1850 明治 1900 1910 大正 1920 昭和 1930 1940 1950 1960 1970 1980 平成 1990 2000 2010

為與清朝的戰爭做準備計劃擴增軍備

自一八七六年締結不平等條約以來（參見58頁），朝鮮政府中由親日派的閔妃一派掌握大權，但和日本的貿易使得物價攀升，國內反日氣氛高漲。一八八二年，高宗生父大院君發動政變成功，但由於朝鮮的宗主國清朝介入（壬午兵變），並將政權返回閔妃一派手中，於是朝鮮政府從親日派倒戈成親清派。眼見情況不利，日本在兩年後支援金玉均等人的獨立黨（親日派）發動政變，但因清朝再度介入而失敗。擔心事態惡化的伊藤博文，與清朝之間簽訂《天津條約》，約定雙方軍隊撤出朝鮮，向半島出兵時有互相通知的義務。

日本的軍事能力於一八九〇年代凌駕清朝。**一八九四年，在朝鮮，為打倒政權與要求將外國人趕出去而爆發「東學黨之亂」，此時清朝與日本同時出兵鎮壓。**慌亂的反叛軍和朝鮮政府談和後，雖然朝鮮要求兩軍撤兵，但陸奧宗光外相卻趁亂計劃挑起甲午戰爭。

關鍵人物

閔妃（1851～1895）
高宗的王妃。逼迫高宗生父大院君引退並獨占政權。雖一度失勢但在三國干涉還遼後向俄羅斯靠攏，重新奪回政權。

大院君（1820～1898）
為國王高宗的生父而握有大權。採取鎖國攘夷政策，因閔妃一派奪權而失勢。

金玉均（1851～1894）
獨立黨指導者。為替壬午兵變謝罪而訪日並轉為親日派。之後逃到日本，最後在上海遇刺身亡。

近現代史秘辛

甲午戰爭的發生是因為日本畏懼俄羅斯勢力南下

俄羅斯在進到十九世紀後，將軍人送至日俄雜居的庫頁島，壓迫日人住民，擴大侵略程度。日本政府對其南下政策感到畏懼，因而在北海道安排士族出身的武裝開拓民、屯田兵等加以警戒。不僅如此，日本還逼迫原本鎖國的朝鮮開國，企圖將朝鮮納入自己的勢力範圍，共同防禦俄羅斯的南下政策。然而，朝鮮卻拒絕服從日本而引發征韓論。

1898年的世界情勢　**美西戰爭**：美利堅合眾國與西班牙之間引起的戰爭。西班牙戰敗，美國獲得西班牙舊殖民地的管理權。

事與願違，朝鮮倒戈俄羅斯

陸奧宗光外相向清朝提議共同管理朝鮮，並如預想地遭到拒絕，於是兩國斷交。日本占據朝鮮王宮，擁立大院君執行傀儡政權，此事為一八九四年「甲午戰爭」的開端。戰況在日軍壓倒性的優勢下進行，隔年簽訂《馬關（日清談和）條約》。條約中清朝承認朝鮮獨立、並決議將台灣與遼東半島等地割讓日本以及支付兩億兩（約三億日圓）的賠償金。

對於條約的內容，**由於俄羅斯不願意讓遼東半島為日本所有，所以與法國、德國聯手要求日本歸還遼東半島給清朝，此即三國干涉還遼**。日本眼見對俄羅斯毫無勝算，只能不甘不願地歸還，而後俄羅斯以租借的名義將遼東半島的旅順、大連納入轄下。與此同時，**朝鮮的閔妃也不想受到日本的箝制，急速向俄羅斯靠攏**。見此狀況，日本公使三浦梧樓等人將閔妃虐殺，但反而使國王高宗向俄羅斯尋求幫助，甚至移至俄羅斯的公使館處理政務。於是俄羅斯正式進駐朝鮮，並且在之後建立軍事基地。

風俗習慣

三陸發生大地震

一八九六年的六月，宮城縣的三陸地方發生明治三陸地震，且因發生高達三八．二公尺的大海嘯，造成死亡、失蹤人數多達兩萬一千九百五十九人的嚴重災情。因新聞報導而自全國各地湧入許多捐款。

簡明年表！

甲午戰爭時的東亞

將甲午戰爭前後的事件整理成年表。日本在一八八五年簽訂天津條約之後，認為「與清朝開戰是不可避免的」，因而致力於增強軍備。這正是日本戰勝清朝的最大主因。

1882 壬午兵變

1884 爆發中法戰爭

1885 日清之間簽訂天津條約

1894 東學黨之亂
爆發甲午戰爭

1895 甲午戰爭結束
於馬關簽訂馬關條約，
實現朝鮮獨立
俄、德、法三國干涉還遼

1896 簽訂中日通商行船條約

1898 俄羅斯向清朝租借一部分的
遼東半島

簡明地圖！
甲午戰爭的過程
戰況朝向有利於日軍的方向發展。
觀察日軍的進攻路線，
即可了解從陸地與海洋攻入清朝的戰果顯著。
清朝
鐵嶺
奉天（瀋陽）
朝鮮
11/7
大連
遼東半島
平壤 9/16
日本海
元山
旅順
11/21
黃海海戰
9/17
仁川
漢城
威海衛
1895/2/12
成歡
7/29
牙山
山東半島
豐島海戰
7/25
釜山
日本
下關
日軍進攻路線
※ 日期是占領日。未記載的年分均為 1894 年

瓜分中國
歐美各國蜂湧向國力大減的清朝

日本得到清朝割讓的遼東半島後，受到俄羅斯等國的勸告。

日本應該歸還遼東半島！

不是要守護遠東的和平與安全嗎？

我們會歸還遼東半島的……

法國
俄羅斯
清
德國
日本
遼東半島

在甲午戰爭曝露出弱點的清朝，成為列強的目標。

德國、俄羅斯、英國、法國接二連三地向清朝租借領土……

進行「瓜分中國」的行動。

俄羅斯
•旅順•大連
德國
•膠州灣
英國
法國
日本
美國
日本
美國慢了一步

可惡的俄國……！竟然擅自干涉清朝的事……！
德國、法國就算了，但俄國是鄰邊的強國!!
得阻止俄羅斯南下！
你說什麼──!?

相關主題

- 對美關係
- 東亞外交
- 世界情勢

清朝義和團攻擊外國人

十九世紀後半，歐美列強為擴大勢力範圍而在亞洲推行帝國主義政策，尤其著重在甲午戰爭戰敗後的清朝。當時清朝向列強借款以支付日本賠償金，**歐美各國則在中國劃定勢力範圍（瓜分中國）**做為抵押，獲得租借沿岸要地、要港，以及鐵道舖設權等權利。

一八九八年，德國租借山東半島的膠州灣、英國租借九龍半島和威海衛、俄羅斯租借遼東半島的旅順、大連港，隔年法國租借廣州灣。而在美西戰爭中打贏西班牙的美國沒有加入這次的分割行列，但國務卿海約翰要求各國讓中國門戶開放。

對於列強的這些動作，**清朝各地組成義和團並攻擊外國人等逐漸擴大勢力，而在一九〇〇年包圍北京的列國公使館（義和團事件）**。雖然清朝政府集結義和團向列國宣戰（庚子拳亂），但列強與日本組成聯合軍隊，逼迫清朝投降並簽訂《辛丑條約》。導致清朝需支付大筆的賠償金，也被迫同意這些國家有在北京等地派駐軍隊的權利。

關鍵人物

慈禧太后（1835～1908）
清朝的咸豐皇帝的側妃，同治皇帝的母親。清末時期的權力者，而慈禧太后也的確權掌清朝橫跨半個世紀。

約翰．米爾頓．海伊（John Milton Hay）（1838～1905）
美國國務卿。捨棄與歐美互不侵犯的門羅主義，主張中國門戶開放政策。（譯註：傳統習慣譯名為「海約翰」）

簡明圖表！

列強的勢力範圍設定

俄羅斯
德國
日本
葡萄牙
英國
法國

日本
俄羅斯
德國
英國
葡萄牙
法國

被列強瓜分的中國分割圖。美國雖未加入瓜分行列，但向列強要求通商的自由與中國領土、行政的保全。

1990年的世界情勢　**ABO式血液型的發現**：奧匈帝國的病理學家，也是血清學家的卡爾．蘭德施泰納（Karl Landsteiner）發現ABO式血液型。隔年發表論文。

日英同盟 以俄羅斯為假想敵。明治的安保條約

俄羅斯的勢力伸向朝鮮且實質上支配滿洲，為了對抗俄羅斯的威脅，在國內掀起日英同盟的論調。
英國
俄羅斯
日本
若與大英帝國聯手的話……這樣的背景或許能壓制俄羅斯……

採取「光榮孤立」※路線的英國，也被迫改變外交政策。
英國
俄羅斯
德國
法國
俄羅斯南下政策真是棘手……
要利用日本牽制俄羅斯嗎？

※原文為 Splendid isolation，即不與歐洲各國建立同盟關係的外交政策

1902年
締結日英同盟
願意締結同盟真是非常感謝！萬事拜託！
日英同盟對日本而言，迄今仍是個對文化、軍事與命運帶來影響的重大轉機。
列強
一起防禦俄羅斯的力量吧！

相關主題

- 東亞外交
- 世界情勢

1850 明治 1900 1902 1910 大正 1920 昭和 1930 1940 1950 1960 1970 1980 平成 1990 2000 2010

為抑制俄羅斯，與英國聯手

一九〇〇年為鎮壓庚子拳亂而出兵的俄羅斯軍，不法占據滿洲全域，事實上支配滿洲。

這時期俄羅斯的陸軍多達兩百萬人，且擁有強大的海軍實力，非日本能夠匹敵。更何況俄羅斯已經在朝鮮建立親俄政權，對朝鮮的影響力逐漸變強，日俄關係步步走向對立的局面。

感受到俄羅斯威脅的日本，在國內掀起日俄協商論與日英同盟論。日俄協商論是同意俄羅斯在滿洲自由行動，但相對的俄羅斯要承認日本對韓國的支配；日英同盟論則是與英國聯手壓制俄羅斯。在甲午戰爭中對日本的勝利給予好評的英國對同盟的提議非常歡迎，從結果來看，一九〇二年的日英同盟協約成立，之後數年該協約也依然存在。

以同盟為背景，日本持續和俄羅斯交涉，要求俄羅斯撤離朝鮮未果，一九〇四年二月，在御前會議中終於決定開戰。

關鍵人物

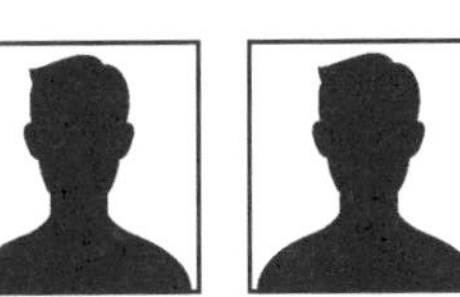

林董（1850～1913）江戶時代末期的幕臣，明治時代的外交官。為首任駐英大使，是促使簽訂日英同盟的中心人物。

井上馨（1836～1915）長州藩出身。第二次伊藤內閣中歷任內務大臣等要職。摸索日俄協商的條件，多次與俄羅斯交涉。

近現代史祕辛

日本首次使用臥薪嘗膽一詞的媒體

在日本第一次使用「臥薪嘗膽」這個詞的是綜合雜誌《太陽》。《太陽》是從一八九五年到一九二八年持續報導政治、軍事、經濟與社會的綜合雜誌，發行端是博文館。日本在甲午戰爭中獲得遼東半島，卻因為俄羅斯的干涉而被迫放手，士氣大受打擊。因此《太陽》代替國民宣洩憤怒，用「臥薪嘗膽」為標題刊載文章。內容是「必定報答三國的好意，我等帝國的國民絕非忘恩負義之民。」這之後成為國家的口號，國民也藉由增稅等支援國家。

1902年的世界情勢

第二次波耳戰爭（1899～1902年）：為英國企圖合併川斯瓦共和國而引發的戰爭。此動作被視為帝國主義侵略戰爭的典型，在全世界掀起反戰的聲浪。

世界情勢與日本
即使絕望性的資金困難也要發動的戰爭

你們打算要在滿洲賴到什麼時候？

難不成想要軍事占領朝鮮半島嗎？

日本

似乎變得很有趣呢……

這是庚子拳亂的結果，

若有什麼不滿，要訴諸武力也可以哦？

俄羅斯帝國

滿洲

英國

俄羅斯採取南下政策哦，

英國會全力協助你們和俄羅斯的戰爭的！

唔嗯……

美利堅合眾國

想想三國干涉還遼的屈辱吧！美國也會給予戰爭支援的！

相關主題

- 對美關係
- 東亞外交
- 世界情勢

哦哦哦!!
談判決裂!!
打破俄羅斯帝國
擴張領土的野心吧!!
つわぉ!!
真的攻來了!?
在俄羅斯國內一片
混亂的時候……!!
一九〇四年
日俄戰爭開戰
乃木希典率領的第三
軍出現前所未有的戰
死人數，才終於攻下旅
順要塞，
接下來的奉天會戰也
好不容易才保住優勢
獲勝……
東鄉平八郎率領的
日本海軍也擊破當
時被譽為最強的波
羅的海艦隊，
但此時日本
已相當疲憊。
東鄉平八郎
乃木希典
俄羅斯也開始革命，正
當戰爭難以持續下去時
美國出面調解。
如此一來俄羅斯
就會放棄南下政策，
而滿洲將變成空城。
我們美國要進攻滿洲
然後進攻中國……！
在西歐邪惡念頭
之下，日俄議和。
1905年
簽訂《樸資茅斯條約》

輿論將日本導向戰爭

由於《日英同盟》的締結，在日本對俄羅斯開戰論也急速高漲。**一九〇三年俄羅斯開始在朝鮮北部打造軍事基地，於是政府再也無法壓下高漲的輿論**。然而，令政府頭痛的是戰費。當時日本銀行只剩為數不多的正貨（譯註：即本位貨幣，指由含有與標示金額價值等同的貴金屬製成的貨幣），由於實在籌不出戰費，政府於同年十二月向英國提出財政援助的請求，卻被單方面拒絕。

因此被資金逼到困境的日本政府訂立「戰況不可拖長」的作戰計畫。首先在旅順殲滅俄羅斯的太平洋艦隊，迅速壓制朝鮮半島，傾注全兵力壓制南滿洲的遼陽，最終進到談和階段。**一九〇四年二月八日，日本的聯合艦隊奇襲旅順港外的俄羅斯太平洋艦隊，日俄戰爭於是開戰**。然而，日本的奇襲作戰卻因太平洋艦隊逃進旅順港內而以失敗告終。之後在傾龐大軍力勢必要打贏的遼陽會戰中，也因俄羅斯軍逃脫而完全陷入膠著的狀態。

關鍵人物

高橋是清（1854～1936）
日本銀行總裁、曾任大藏大臣，一九二一年就任首相。二二六事件（參見142頁）中遭到暗殺。

尼古拉二世（Nikolay Alexandrovich Romanov）（1868～1918）
羅曼諾夫王朝最後的俄羅斯沙皇。在日俄戰爭、第一次世界大戰中擔任指導者的角色。

簡明地圖！

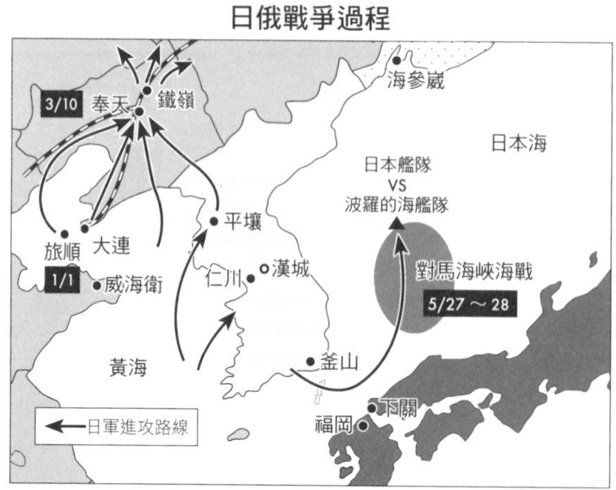

旅順是俄羅斯在遠東的最大根據地。日軍在一月占領旅順，三月占領奉天，五月在對馬海峽海戰中擊敗波羅的海艦隊。

1850
明治
1900
1910
大正
1920
昭和
1930
1940
1950
1960
1970
1980
平成
1990
2000
2010

與國力不符背水一戰的戰爭

日軍雖然在隔年攻破旅順，但這時已因戰爭拖長而動員了十萬人，造成戰死者一萬五千四百名，戰傷者四萬四千名。

這場日俄戰爭中投入大量速射炮與連發槍等的新型武器，也動員約一百一十萬名士兵。**戰費僅憑稅金與獻金實在無法負荷，因此政府打算拜託同盟國與友好國購買外債以尋求活路，**為此當時日本銀行副總裁高橋是清親赴海外調度資金，總算解決燃眉之急。一九〇五年日俄兩軍在奉天發生激烈衝突。日軍成功擊退俄軍，但此時的日軍也已沒有追擊的體力。之後日本要求締結談和條約，但俄羅斯沙皇尼古拉二世卻並未答應。然而在對馬海峽海戰中，東鄉平八郎所率領的聯合艦隊殲滅了俄羅斯的波羅的海艦隊，這才終於讓尼古拉二世讓步，進行日俄交涉，**同年簽訂《樸資茅斯條約》**。

近現代史祕辛

好運當道的高橋是清

高橋是清為了銷售外債而在一九〇四年前往美國。但交涉並不順利，於是轉而前往英國。雖然好不容易將外債賣給羅斯柴爾德家族（Rothschild）以及其他英國富豪們，但只達到約莫一半的額度。陷入失意谷底的高橋，後來在熟人所招待的晚餐會中，正好隔壁坐的是美國富豪雅各布·希夫（Jacob Henry Schiff），而他竟然答應接收剩下的所有外債。因為希夫是猶太人，無法忍受俄羅斯對猶太人的迫害。拯救日本所憑藉的竟是高橋的好運氣，令人驚訝不已。

風俗習慣

每次勝利時就會有慶祝的花電車繞行東京

戰死人數仍在大幅增加，國民已陷入無法對戰勝單純地感到喜悅的心理狀態。食物、衣服類雖然沒有管制，但國民都意志消沉。為了一掃這樣的氛圍，在東京每當戰事勝利時就會有花電車繞行，此外，大相撲和歌舞伎等活動也照常舉行。

1905年的世界情勢

相對論發表：阿爾伯特·愛因斯坦（Albert Einstein）發表狹義相對論。同年發表包含光量子假說等五篇論文。

日韓合併
進攻東亞所需的強大根基

相關主題

- 對美關係
- 東亞外交
- 世界情勢

※ 當時的首相桂太郎和美國戰爭部長威廉．霍華德．塔夫脫（William Howard Taft）間締結桂太郎 - 塔夫脫協定。

日本藉密使事件奪走朝鮮政權

日本因日俄戰爭而擴大侵略朝鮮的勢力。**一九〇四年締結日韓議定書，承認日本在朝鮮的軍事行動；接下來在第一次日韓協約**締結後，日本推薦外交、財政顧問至朝鮮政府，審理重要案件時需與日本政府進行協議。而在外務省的委託下，財政顧問由大藏省主稅局長目賀田種太郎、外交顧問由美籍的須知分（Durham White Stevens）就任。

接著在一九〇五年美國與英國承認朝鮮為日本的保護國。同年簽訂**第二次日韓協約**，奪取朝鮮的外交權、並在漢城設立做為日本政府代表機關的統監府，而首任統監由伊藤博文就任。

對於日本的動作，**朝鮮在一九〇七年六月荷蘭的海牙第二次萬國和平會議中，皇帝高宗派密使控訴日本侵略朝鮮的罪行並訴求獨立願望**，但結果卻無法參與會議（海牙密使事件）。日本趁此機會簽訂**第三次日韓協約**，奪走朝鮮的政權，解散朝鮮的軍隊。

關鍵人物

目賀田種太郎（1853～1926）
政治家、法學者。任職國際聯盟大使、樞密顧問官。現在的專修大學與東京藝術大學的創立者之一。

安重根（1879～1910）
大韓帝國時代的朝鮮民族運動家。殺害伊藤博文後，遭俄羅斯的警方逮捕並處刑。

寺內正毅（1852～1919）
長州出身的軍人、政治家。桂內閣時代任職陸相，曾任朝鮮總督，於一九一六年成為首相。

簡明圖表！

這時的日本領土

堪察加半島
北緯 50°
庫頁（1905）
千島群島（1875）
大韓帝國（1910）
台灣（1895）

日俄戰爭後的《樸資茅斯條約》（1905 年），獲得北緯 50 度以南的庫頁島，並在 1910 年的日韓合併中占領朝鮮半島。

1904年的世界情勢

英法協約：英法間所締結的協約。彼此確認英國獲得埃及、而法國獲得摩洛哥的支配權。此協約成為對抗德國的國際協約體制先驅。

伊藤博文遭民族運動家暗殺身亡

朝鮮民眾對此事不可能置若罔聞。於是召集被解散的朝鮮軍隊士兵，從過去零星在各地要求獨立的義兵運動，轉為正式的反日鬥爭。**日本政府雖派遣軍隊將這些鎮壓下來，但一九〇九年伊藤博文於滿洲哈爾濱車站遭到朝鮮民族運動家安重根暗殺**。隔年，安重根在旅順被判處死刑。

以暗殺事件為契機，日本藉憲兵、警察行使強權支配，隔年一九一〇年強迫簽訂日韓合併條約，將朝鮮納為殖民地。日本在漢城設置朝鮮總督府取代統監府，由陸軍大臣寺內正毅就任首任總督。該總督府的第一步即是為課徵地稅而著手土地測量和所有權確認（土地調查事業），並於一九一八年完成。這時日本政府以「所有權不明」為由接收廣大的農地與山林，並轉賣給日本企業與日本人，導致許多農民變得窮困，部分人民為尋求工作而移居日本。此外，也在朝鮮國內開始設立半民營半官營的國策會社，進行殖民地開發。

風俗習慣

日本支配下的朝鮮狀況如何？

甲午戰爭前的朝鮮，是清朝的屬國。但惡政持續多年，引發東學黨的農民叛亂。對此，日本向朝鮮提出五條改革方案，進行甲午改革。因此朝鮮不再有不合宜的身分階級制度，又以公正的裁判確立私有財產制度，並且認同職業選擇的自由，此外，交通機關整備完善，不僅活化經濟也解決了飢餓的問題。

近現代史祕辛

伊藤博文反對殖民地化？

後來在哈爾濱受到朝鮮民族主義者暗殺的伊藤博文，雖然認同朝鮮需納入日本的保護之下，但其實反對殖民化。殖民地指的是「沒有國家主權完全由他國支配的領地」。伊藤認同朝鮮人的潛在能力，堅信能因西洋化而達成近代化，因此伊藤博文改變朝鮮政治，致力於教育，企圖讓朝鮮成為世界的文明國。

簡明年表！

日韓合併的流程

近代日本與朝鮮的關係始於「征韓論」。
用年表來看看後來日朝之間發生什麼變化吧！

年	日本的事件	朝鮮的事件
明治 6 年（1873）	征韓論高漲、明治六年政變	
明治 8 年（1875）	江華島事件	
明治 9 年（1876）	締結江華條約	
明治 15 年（1882）		壬午兵變（大院君發動政變）
明治 17 年（1884）		甲申政變（獨立黨發動政變）
明治 18 年（1885）	天津條約、大阪事件	
明治 27 年（1894）	甲午戰爭	東學黨之亂
明治 28 年（1895）	馬關條約、三國干涉還遼	乙未事變（譯註：即日人殺害閔妃事件）
明治 30 年（1897）		朝鮮改名為大韓帝國
明治 37 年（1904）	第一次日韓協約（朝鮮政府任用日本推薦的外交、財政顧問。）	
明治 38 年（1905）	第二次日韓協約、設置統監府（日本奪取朝鮮外交權使其成為保護國。於漢城設置統監府。）	
明治 40 年（1907）	第三次日韓協約（日本奪取朝鮮內政權，解散朝鮮軍隊。）	
明治 42 年（1909）		伊藤博文暗殺事件
明治 43 年（1910）	日韓合併條約、設置朝鮮總督府（朝鮮的統治權全部讓渡給日本。）	
大正 8 年（1919）		三一獨立運動

支配滿洲
日本獨占滿洲強大的利益與權力

1905年
《樸資茅斯條約》

日俄戰爭後，日本得到遼東半島一部分的租借權。

遼東半島
大韓帝國
獲得在三國干涉還遼錯失的因緣之地。
旅順

相關主題

- 東亞外交
- 世界情勢

明治 大正 昭和 平成 1850 1900 1910 1920 1930 1940 1950 1960 1970 1980 1990 2000 2010

日本獨占權益而惹火美國

在《樸資茅斯條約》中，**日本除朝鮮的指導權外，也獲得南庫頁島、旅順與大連的租借權，以及俄羅斯經營的東清鐵道長春以南等的利權**。一九〇六年，日本於滿洲旅順設置關東都督府，管理遼東半島南部的行政與軍事；接著為了經營旅順至長春的鐵路與周邊的煤礦而創立南滿洲鐵道株式會社（以下簡稱為滿鐵）。滿鐵是半民營半官營，第二次世界大戰前，在日本殖民地經營上擔任中心要角。

日俄戰爭後，美國和日本的關係更加惡化。當初，日本政府原同意和美國的鐵道大亨哈里曼（E. H. Harriman）共同經營滿洲的鐵道（哈里曼計畫），但是後來在小村壽太郎外相的強硬反對下取消合作。美國對於不願門戶開放而想獨占南滿洲權益的日本表示反對，並向列國訴求中立化，但日本在第二次日英同盟協約，以及經過四次修訂的日俄協約的背景下，成功讓世界承認其在滿洲的權益。**這次的美日對立，成為之後引發太平洋戰爭的遠因**。

關鍵人物

小村壽太郎（1855～1911）
日向飫肥藩出身，為第二次桂內閣的外相。在締結日英同盟協約、日俄戰爭談和會議上大顯身手。

大島義昌（1850～1926）
長州藩出身，陸軍軍人。日俄戰爭之後，就任於關東都督。日本首相安倍晉三為其玄孫（參見243頁）。

近現代史祕辛

對戰後處理感到不滿的民眾

日本雖因戰勝而獲得旅順、大連租借權，但國民所期待的賠償金卻一毛也沒有，因而引爆國民的憤怒。一九〇五年，於東京的日比谷公園舉行反對談和集會的民眾化為暴徒，搗毀派出所和政府旗下的報社，對此桂內閣發出戒嚴令。不僅如此，國民之中也有很多從戰地回來後變得粗暴、自暴自棄，或者是失去目標而不去工作整天好吃懶做又浪費的人。對於這股風潮，一九〇八年政府頒布「戊申詔書」（明治天皇的詔書），內容是獎勵勤儉節約，懲戒懶惰奢侈。

1906年的世界情勢 **日人學童的隔離命令**：美國加州對日本移民勞動者的排斥運動益發激烈。於是加州市下令隔離日人學童。

產業革命 日本掀起創立公司的風潮

相關主題

經濟

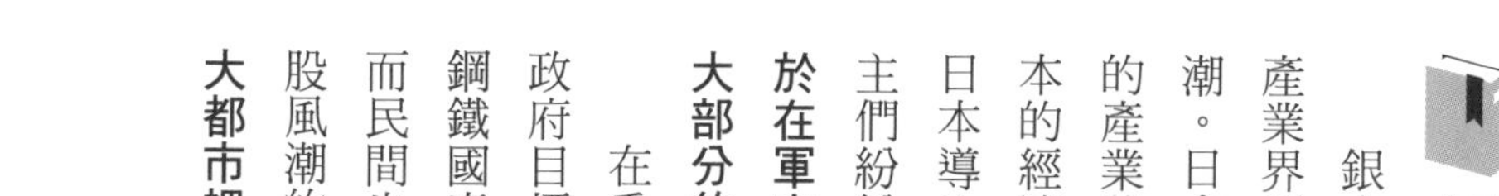

國家傾全力發展鐵路與重工業

銀本位的貨幣制度完善，利率降低，且股市交易盛行使得產業界活絡，一八八六年起的三年間，日本掀起創立公司的風潮。日本銀行積極提供資金給產業界，開啟了生產機構大變革的產業革命。一八九七年時金本位制確立，因貨幣的安定，日本的經濟更顯活躍。產業革命的中心是紡織業與製絲業，當時日本導入機械制生產且大量生產。鐵道業也很興盛，商人、地主們紛紛創立公司，**不過政府在一九〇六年到一九〇七年，由於在軍事、經濟上的必要性而收購十七家民營鐵道公司，促使大部分的鐵道國有化**。

在重工業的領域上，甲午戰爭後由於大規模造船廠減少，政府目標改放在擴充軍事設備，第一步是計劃使重工業基礎的鋼鐵國產化。於是官營的八幡製鐵所於一九〇一年開始營業，而民間也有日本製鋼所與池貝鐵工所等民營公司成立。隨著這股風潮的影響，**各地的電力事業興起，而真正的水力發電開始，大都市裡的電燈也逐漸普及**。

簡明圖表！

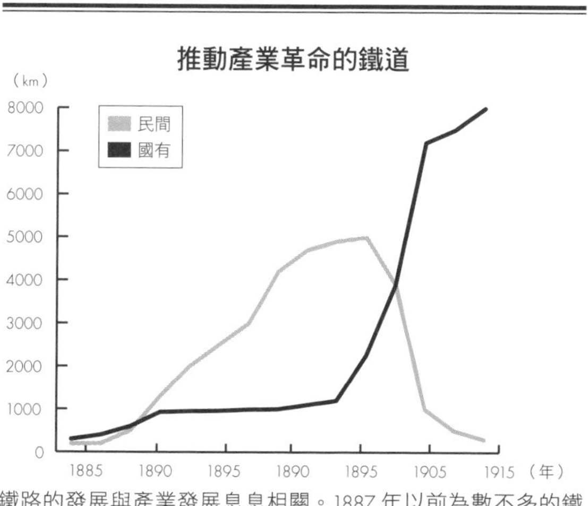

鐵路的發展與產業發展息息相關。1887年以前為數不多的鐵路網急速擴增。此外，因主要路線的國有化，在1907年國有鐵路已壓倒性地多過民營。

關鍵人物

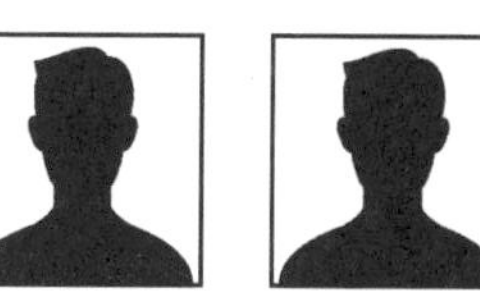

山內提雲（1838～1923）江戶時代的幕臣且為明治時代的官僚。曾任鹿兒島知事，一八九六年起任職首任八幡製鐵所長官。

池貝庄太郎（1869～1934）實業家。於一八八九年創立池貝工廠（之後的池貝鐵工所）。一八九六年開發國產第一號的石油引擎。

1907年的世界情勢

簽訂英俄協約：為確立出在波斯與阿富汗兩國的勢力圈，締結英俄協約。英俄協約與俄法同盟、英法協約合併為三國協約。

一看就懂

第2章 總結

日本對外在甲午戰爭、日俄戰爭中獲得勝利，對內則制定憲法執行立憲政治，做為亞洲第一個近代國家興起。奪得俄羅斯在滿洲的利權，再將朝鮮半島化為殖民地，也成功修訂不平等條約，成功進入大國行列。

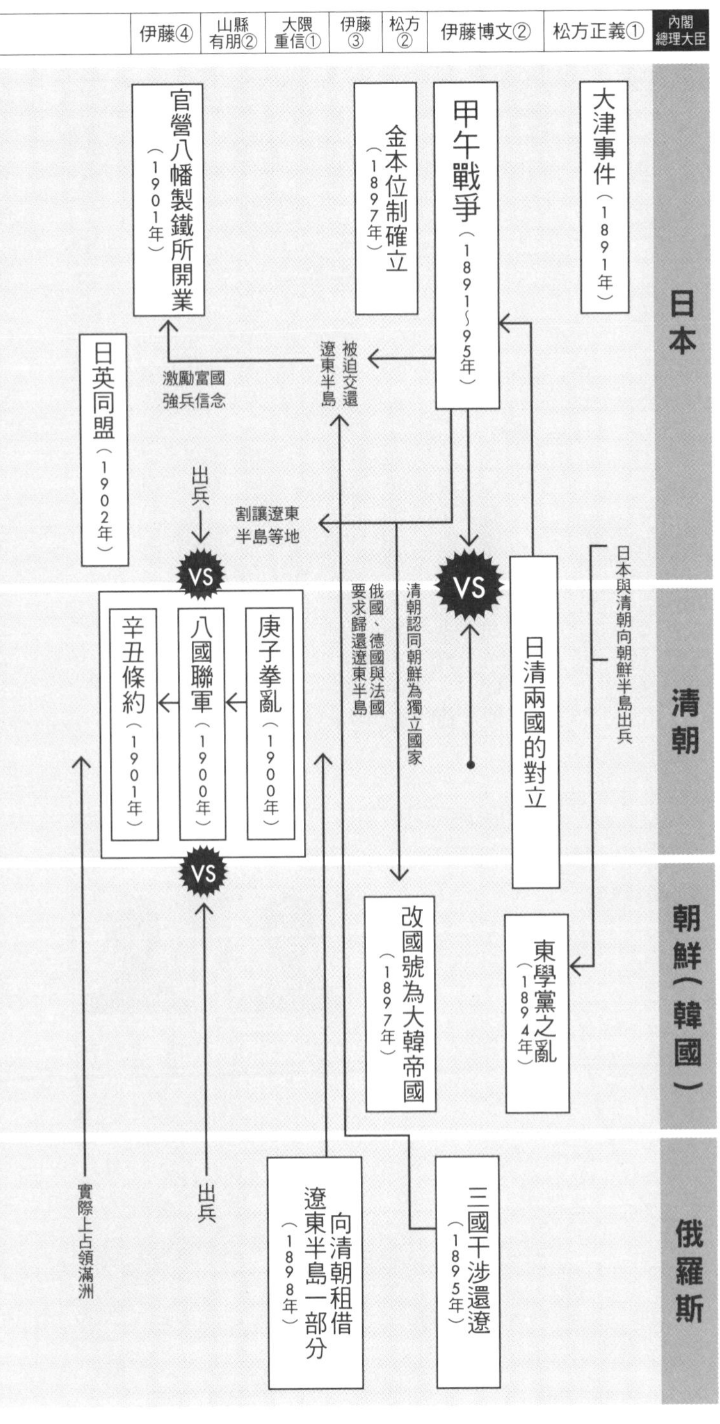

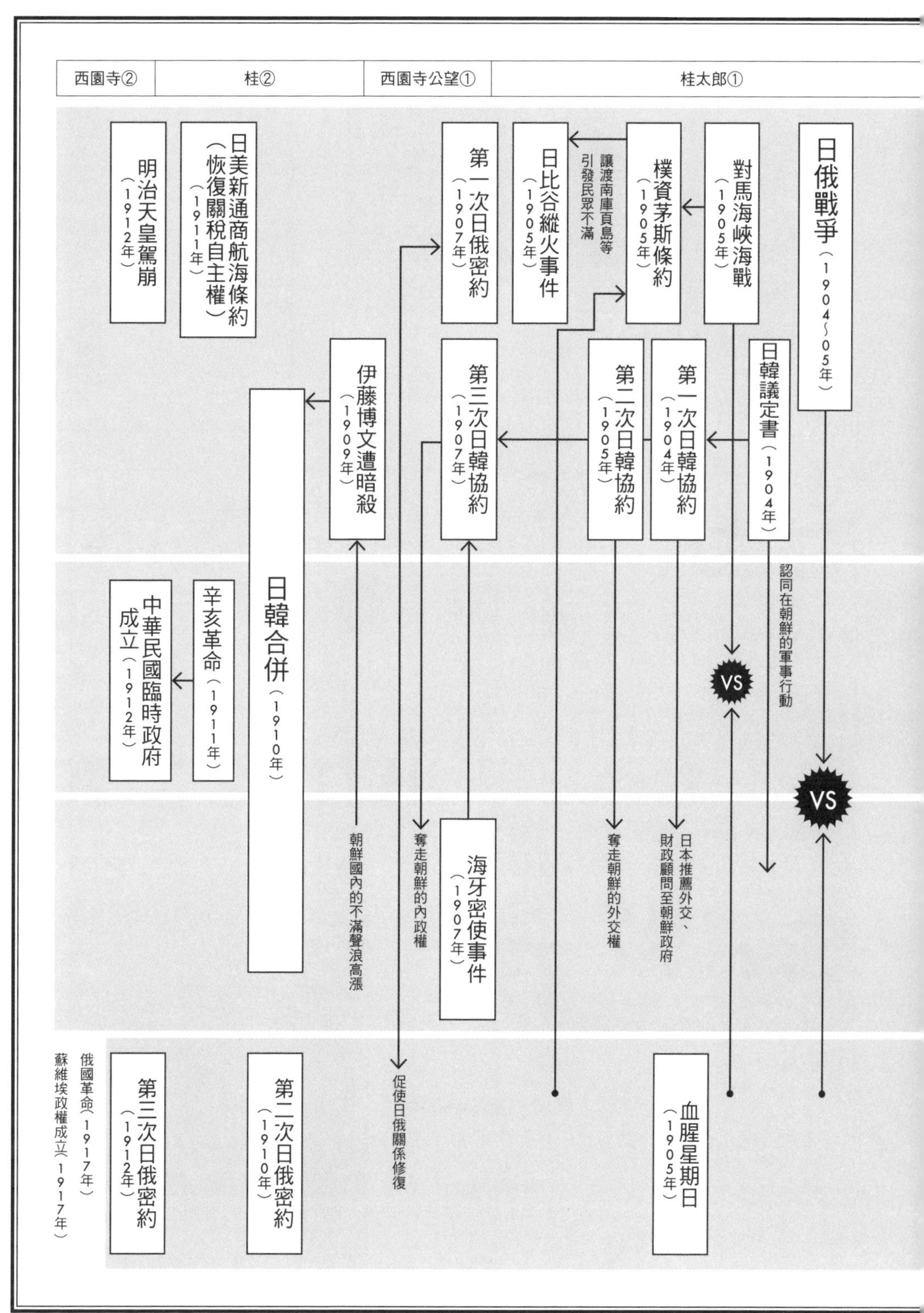

桂太郎①
西園寺公望①
桂②
西園寺②
日俄戰爭（1904～05年）
對馬海峽海戰（1905年）
樸資茅斯條約（1905年）
讓渡南庫頁島等引發民眾不滿
日比谷縱火事件（1905年）
第一次日俄密約（1907年）
明治天皇駕崩（1912年）
日美新通商航海條約（恢復關稅自主權）（1911年）
日韓議定書（1904年）
第一次日韓協約（1904年）
第二次日韓協約（1905年）
第三次日韓協約（1907年）
伊藤博文遭暗殺（1909年）
日韓合併（1910年）
認同在朝鮮的軍事行動
VS
辛亥革命（1911年）
中華民國臨時政府成立（1912年）
VS
日本推薦外交、財政顧問至朝鮮政府
奪走朝鮮的外交權
海牙密使事件（1907年）
奪走朝鮮的內政權
朝鮮國內的不滿聲浪高漲
促使日俄關係修復
血腥星期日（1905年）
第二次日俄密約（1910年）
第三次日俄密約（1912年）
俄國革命（1917年）
蘇維埃政權成立（1917年）

看史料懂更多

明治時代（後期）

日本在甲午、日俄戰爭中獲得勝利，因而加入列強諸國的行列。於國內，推行殖產興業與富國強兵政策，掀起產業革命。

日清九連城激戰船橋之圖

描繪甲午戰爭時在鴨綠江打仗的作品。成功近代化的日本軍攻破清軍，戰勝有「沉睡的獅子」之稱的清朝。進齋年光繪。

甲午戰爭

東亞情勢的諷刺畫

圖中諷刺企圖把魚（朝鮮）釣上來的日本與清朝，以及伺機從旁奪取的俄羅斯。此畫是法國畫家畢戈（Bigot）的作品。

殖產興業、富國強兵

足尾銅山

位於流經櫪木縣與群馬縣的渡良瀨川流域的銅山。櫪木出身的政治家田中正造等人提出因開發而產生的有害物質會給周邊人家帶來危害的問題。

官營八幡製鐵所

1901年開張的官營製鐵所。成為日本重工業發展的基礎，也因應了日俄戰爭之後急遽增加的鐵的需求。

日俄戰爭

炮擊旅順要塞

日軍以 28 公分的炮彈攻擊難攻不落的俄羅斯旅順要塞。在旅順攻城戰中戰死的日本兵超過 15000 人以上。

東鄉平八郎

對馬海峽海戰中指揮聯合艦隊擊破俄國的波羅的海艦隊。

所藏／國立國會圖書館

樸資茅斯條約會議

日本付出龐大的犧牲卻連一毛賠償金都得不到，民怨高漲而引發日比谷縱火事件。

日韓合併

前往韓國統監府的伊藤博文

伊藤博文以統監之姿統治朝鮮。雖表示反對併吞朝鮮，卻遭朝鮮的民族運動家暗殺身亡。

朝鮮總督府

日韓合併後，為統治朝鮮半島而設置的官廳。主要的職位由日本人獨占，在總督的支配下推行基礎建設與皇民化政策。

第3章 民主與恐慌的時代

1912年　大正天皇即位。大正時代開始。第一次護憲運動開始

1913年　大正政變。桂內閣總辭

1914年　第一次世界大戰爆發

1915年　日本向中國提出《二十一條要求》

民主主義萌芽 政黨政治展開

一言以蔽之，大正時代是「民主主義萌芽的時代」。民眾擁有強大的力量，「政黨政治才是最佳政治形態」的想法也逐漸普及。

歷史上稱這股風潮為「大正民

1918年 第一次世界大戰結束。協約國陣營獲勝

1919年 於巴黎召開談和會議，日本也出席簽署《凡爾賽條約》。朝鮮發生「三一運動」

1920年 國際聯盟成立。日本發生戰後經濟恐慌

1921年 以軍縮為目的召開華盛頓會議

1922年 簽訂《九國公約》、《華盛頓海軍條約》

1923年 發生關東大地震

1925年 普通選舉法成立

1926年 昭和天皇即位

1927年 日本發生昭和金融恐慌

1929年 美國股市崩盤。發生經濟大恐慌

1930年 日本發生昭和恐慌

主」，「日本勞動總同盟」（總同盟）、「日本農民組合」等替勞工或佃農發聲的團體大量出現也是在這個時期。

另一方面，在經濟面上卻是波動劇烈的時代。初期由於第一次世界大戰的需求，出口到協約國的軍需品和日用品增加促使景氣攀升。使得原本是債務國的日本，受惠於大戰的經濟利益搖身一變成了債權國。

不過，戰爭的好景氣並不會長期維持，戰爭結束後出口便鋭減，日本頓時面臨戰後的經濟恐慌。緊接著在一九二三年發生關東大地震，日本以首都圈為中心受到毀滅性的打擊。

之後又發生金融恐慌、昭和恐慌等一波波滔天巨浪，令國民生活更加苦不堪言，於是政黨支持率急速下滑，取而代之的是軍部崛起。

大正政變
在野黨與市民聯手扳倒政府

吵吵 鬧鬧

對此感到反感的民眾衝往眾議院抗議。

桂下台!!

ワァ

桂不可原諒!!

由於無法平息國民的憤怒，於是桂內閣在大正二年二月總辭，史稱「大正政變」。

帝國議會議事

ワァ

相關主題

政治

憲政擁護派包圍議會

一九一二年「大正時代」開始。這個時期，元老（譯註：雖未明文規定，但基本上指的是於大日本帝國時期，負責答覆天皇咨政以及後繼首相人選推薦等國家重要政治問題的資深政治家）山縣有朋和陸軍為了不讓因「辛亥革命」（參見109頁）而垮台的清朝影響到殖民地，向政府申請增設兩個師團（強化陸軍）。當時的首相是西園寺公望，由於他正打算削減軍事經費而未理會該要求。於是山縣故意讓陸軍大臣辭職，又拒絕提出繼任人選，也就是陸軍大罷工，**為此西園寺成了眾矢之的而總辭下台。山縣接著擁立部下桂太郎為首相（第三次桂內閣）。然而由於桂曾執掌內閣又辭任下台，因此再次出任首相之事受到國民強烈的撻伐。**對於把政治玩弄於股掌間的桂和山縣等閥族，立憲政友會與立憲國民黨祭出「打倒閥族．擁護憲政」的口號，展開第一次的護憲運動（倒閣運動）。為呼應護憲運動，多達上萬的民眾包圍國會議事堂大聲齊呼口號，氣氛緊張。**不敵兩黨聯手後的龐大勢力，桂內閣上任僅僅五十天便辭任下台。此事件名為「大正政變」**。

關鍵人物

山縣有朋（1838～1922）
政治家，長州藩出身。曾率領奇兵隊參加倒幕運動，也曾參與鎮壓西南戰爭。一八八九年組織第一次內閣。

西園寺公望（1849～1940）
政治家，公家出身。一九〇三年接任伊藤博文之位成為立憲政友會總裁。在大正以後擔任元老。

簡明年表！

眼花撩亂的內閣

「桂園時代」為桂內閣與西園寺內閣輪番掌權的時代。用年表看看桂園時代到大正政變的軌跡吧！

- **1901** 第一次桂太郎內閣成立
- **1906** 立憲政友會總裁、第一次西園寺公望內閣成立
- **1908** 被批評社會主義對策太天真的西園寺內閣下台
第二次桂內閣誕生
- **1911** 日韓合併後，桂內閣下台
第二次西園寺內閣成立
- **1912** 西園寺內閣下台
第三次桂內閣成立
- **1913** 桂內閣下台
「大正政變」

1913年的世界情勢

第一次巴爾幹戰爭結束：希臘、保加利亞、蒙特內哥羅、塞爾維亞成立的巴爾幹同盟與鄂圖曼帝國之間的戰爭結束。締結《倫敦條約》。

第一次世界大戰
日本脫離經濟不景氣的大好機會

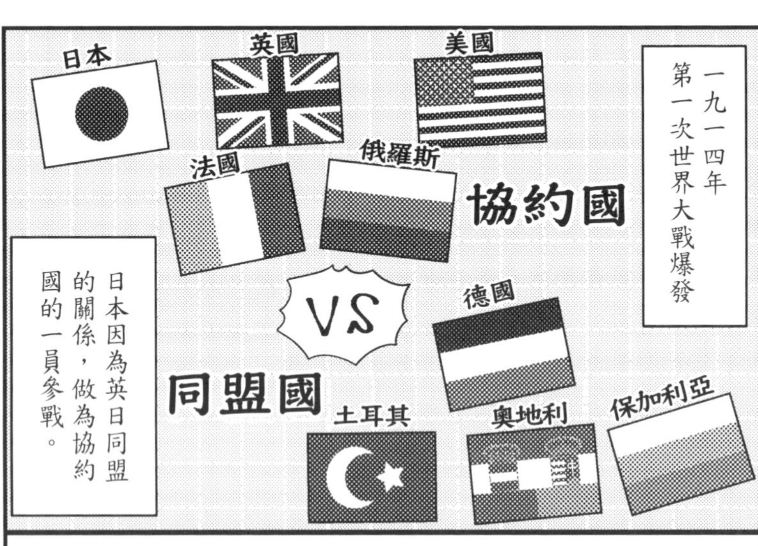

相關主題

世界情勢

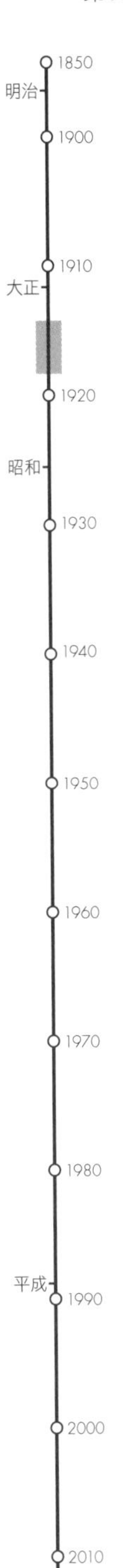

日本站在協約國陣營的戰爭

二十世紀初的歐洲，由**德、奧、義組成的三國同盟（同盟國），與英、俄、法組成的三國協約（協約國），兩方陣營對立加劇**。尤其俄羅斯在日俄戰爭中戰敗，此協約成了進攻巴爾幹半島的好機會。

一九一四年六月，有「歐洲火藥庫」之稱的巴爾幹半島發生奧地利皇儲被親俄派塞爾維亞人暗殺的「塞拉耶佛事件（Attentat von Sarajevo）」。**該事件成了引爆兩國戰爭的導火線，德國和俄羅斯也參與戰爭，而英國和法國也跟著參戰，終於演變成第一次世界大戰**。對此，元老井上馨曾說出「天佑大正新時代」這句話，也就是說，這是靠戰爭確保東洋利權的好機會，因此建議日本參戰。於是日本政府做為英日同盟的邦交國對德國宣戰。戰況初期雖對德國有利，但一九一七年美國加入協約陣營參與戰爭，戰況轉而對協約陣營有利，最後在一九一八年德國提出休戰。

關鍵人物

弗朗茨·斐迪南大公（Franz Ferdinand von Österreich-Este）（1864～1914）

奧匈帝國的皇位繼承人，在塞拉耶佛遭到暗殺。

威爾遜（Thomas Woodrow Wilson）（1856～1924）

第二十八任美國總統。由於德國執行無限制潛艇戰而決定參戰。

簡明圖解！

第一次世界大戰前的同盟國與協約國

三國協約

英國 ---- 英日同盟 ---- 日本

英法協約　英俄協約　日俄協約

法國 ---- 俄法同盟 ---- 俄羅斯

三國同盟

義大利

三國同盟

德國　奧地利

※義大利與奧地利對立，親近法國。也就是說其實是只有德國與奧地利兩國同盟的狀態。

1918年的世界情勢　1918年流感大流行（1918 flu pandemic）（1918～1919）：西班牙型流行性感冒（Spanish flu）在全世界爆發，有五億人被感染，五千萬到一億人死亡。

二十一條要求
龐大利權與帝國主義的開端

敵不過日本的強勢，袁世凱不得已無奈接受要求，但卻造成中國國內反日運動擴大。

相關主題

- 經濟
- 東亞外交
- 世界情勢

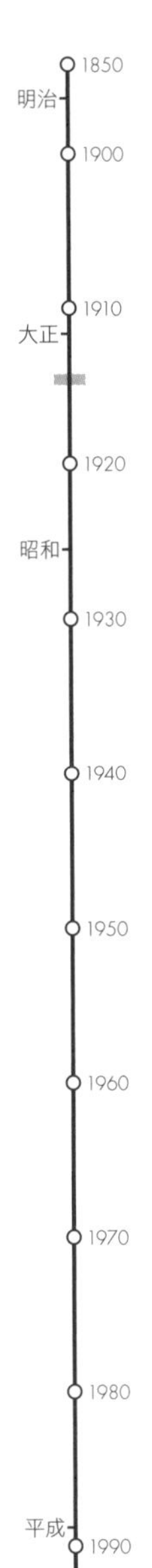

日本拋給中國的難題

向德國宣戰並參與第一次世界大戰的日本，一九一四年時陸軍占領德國勢力下的中華民國山東省青島，海軍則是壓制德國領有的赤道以北的南洋諸島。日本趁著歐洲列國在這段期間因激戰而無暇關心東亞情勢，於隔年一九一五年，由當時的大隈內閣加藤高明外相向中華民國的袁世凱政府提出《二十一條要求》。其內容包含**「讓日本繼承山東省舊德的利權、給予日本南滿洲與東部內蒙古的礦山權益、旅順與大連的租借期限延長九十九年」**等相當強硬的要求。袁世凱政府和中國國民雖然反對，但日本祭出最後通牒，表現出若被拒絕將不辭一戰的態度。因此在五月九日，袁世凱迫於無奈接受了日本的要求，中國國民將此日訂為「五九國恥」，開始展開反日運動。

接下來對日本更加有利的是，歐美因戰爭而退出亞洲市場，使得日本對亞洲的商品出口得以擴大。**獲得極大利益的日本從債務國搖身一變成了債權國。**

關鍵人物

加藤高明（1860〜1926）外交官。一九一三年出任立憲同志會的總裁。之後擔任大隈內閣的外相、護憲三派內閣首相。

袁世凱（1859〜1916）中華民國大總統，後來的皇帝。參加清朝末期的洋務運動。之後叛變，發起戊戌政變。（譯註：轉向支持保守派的慈禧太后）

近現代史祕辛

曾援助中國革命的日本

中國由於反對專制政治以及異民族統治，在一九一一年爆發「辛亥革命」，隔年清朝垮台，中華民國成立。中華民國的中心人物為提倡三民主義的孫文（中國同盟會即為日後的國民黨），雖然由孫文擔任臨時大總統，但隨後即讓位給袁世凱。然而袁世凱在當上大總統之後，開始強化自身權力，鎮壓革命派的國民黨，由於此動作受到列強和軍閥的支持，最後孫文出逃日本。日本政府與陸軍原企圖透過援助中國革命來強化在南滿洲的權益，但遭到列強反對，再加上國內財政吃緊，因此很快便中斷援助。

1914年的世界情勢　**美國占領海地：**美國以償還債務為由占領海地。海地不敵美國海軍陸戰隊，數十萬人逃亡至古巴。

政黨內閣
政黨政治的時代終於到來

相關主題

社會問題
政治

米騷動造就出真正的政黨內閣

明治二〇年代（一八八七年～）前是藩閥政府的時代，政黨內閣仍未出現。不過在一八九八年，自由黨由於反對當時伊藤博文內閣實施的地租增徵案，而脫離內閣與進步黨合併，成立憲政黨。憲政黨為占議會三分之二的大黨，因此伊藤不得不內閣總辭。也因為伊藤的推薦，明治天皇不情願地下令由憲政黨的大隈重信組閣，日本首次的政黨內閣於是誕生。然而，此內閣很快就因為內部鬥爭而瓦解。在明治後半的十年，政權由擁有閥族背景的桂太郎和立憲政友會的西園寺公望輪番擔負，亦即所謂的「桂園時代」（參見105頁）。

之後到了一九一八年終於誕生真正的政黨內閣。當時國民反對桂等閥族的聲浪高漲，且政府在抗議米價暴漲的米騷動中出動軍隊武力鎮壓，遭到國民嚴重撻伐，導致當時的寺內正毅內閣總辭。**取而代之的是以立憲政友會總裁原敬為首相的內閣。由於這是除了陸、海軍大臣與外務大臣外，全為立憲政友會會員所組成的真正的政黨內閣，而受到國民熱烈歡迎。**

關鍵人物

原敬（1856～1921）日本第一任沒有華族爵位的首相。有「平民宰相」之稱受到國民愛戴，但之後遭到刺殺身亡。

吉野作造（1878～1933）東大教授、政治學者。發表提倡「人民於主權在君的明治憲法底下參與政治」的「民本主義」。

美濃部達吉（1873～1948）東大教授、貴族院議員。提倡主張「國家是統治權的主體，天皇是國家的最高機關」的天皇機關說。

風俗習慣

綜合雜誌的急速發展

大正時代綜合雜誌相當盛行，因而擁有許多讀者。其中之一是刊載民本主義的《中央公論》，此外《改造》也刊載關於社會主義思想的論文，這些都大大影響了人們的思想。一九二二年週刊誌的先鋒《SUNDY每日》與《週刊朝日》創刊，而娛樂雜誌《KING》的發行刊數突破一百萬冊，書籍部門也推出了文庫本，華麗的出版文化就此展開。

1918年的世界情勢

英國修改選舉法：英國修改選舉法，承認二十一歲以上青年男子與三十歲以上女性的參政權。

1919

Historical Events 20

加盟國際聯盟
史上最初的國際和平機構出現

針對第一次世界大戰進行反省，並依《凡爾賽條約》制定的國際聯盟，
成為世界最早的國際和平機構。
原本是由美國威爾遜所提議，但因美國議會反對，所以提議此案的美國並未參加，
此外俄羅斯、德國也不參加。
這是為了國際和平與國際合作！
美國總統威爾遜
日本是常任理事國，並由新渡戶稻造擔任國聯副事務長。
新渡戶稻造
日本的國際地位逐漸提高，然而……
各國開始警戒軍事和發言力增強的日本。

相關主題

- 東亞外交
- 世界情勢

國際聯盟為何失敗？

第一次世界大戰在一九一八年，由德國接受美國總統威爾遜提倡的《十四點和平原則》結束戰爭。一九一九年協約國方三十二個國家在巴黎召開談和會議，日本由西園寺公望、牧野伸顯等人做為全權代表與會出席。同年六月簽訂《凡爾賽條約（Treaty of Versailles）》，條約中決議限制德國的軍備、巨額的賠償金與割讓部分德國領土。

隔年一九二〇年再度在威爾遜提倡下，誕生國際和平機構的「國際聯盟（國聯）」。美、英、法、日、義五大國中，只有美國因參議院反對而未能參加。國聯在瑞士的日內瓦設置辦公室，並設立聯盟總會、理事會、事務局。歐洲雖然出現新的國際秩序「凡爾賽體系（Versailles system）」，但因為美國未參加的關係，導致國聯在國際協調上的意義頓時下降，而且**總會需要全會一致通過才能通過議案，意見統一非常困難，再加上國聯並未擁有軍隊，所以無法對違反規約的國家行使軍事上的制裁**。因為這些因素，國聯無法達成理想中的功能。

關鍵人物

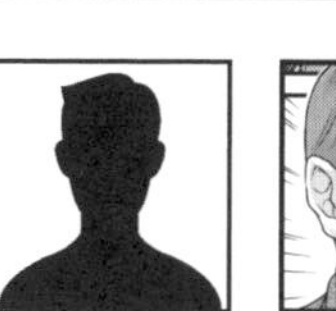

威爾遜（1856～1924）
政治家、政治學者。美國第二十八任總統。民主黨出身，提倡《十四點和平原則》。

牧野伸顯（1861～1949）
政治家、外交官。被任命為全權代表處理巴黎談和條約。大久保利通的次男。在二二六事件中受到攻擊。

埃里克・德拉蒙德（Eric Drummond）（1876～1951）
英國政治家。進入外交部後，曾任首相秘書，擔任國聯首任事務總長。

近現代史祕辛

為何美國不加入國聯？

美國本來的外交目標就是孤立主義，亦即貫徹和歐洲之間互不干涉的關係，但威爾遜提出的國際協調外交卻恰恰相反。強烈主張孤立主義的保守派共和黨，趁著保守風潮興起拓展勢力，另一方面，民主黨的威爾遜則因為大戰後景氣惡化而人氣直落。此外，參議院的共和黨勢力強大，因此斷然否決加入國聯的提案。

1850　明治　1900　1910　大正　1919　1920　昭和　1930　1940　1950　1960　1970　1980　平成　1990　2000　2010

1919年的世界情勢

第一次非暴力、不服從運動（1919～1922）：印度的甘地（Gandhi）發起抗議鎮壓民族運動的法律「羅拉特法案」。為第一次世界大戰時逐漸升溫的反英鬥爭中的一環。

民族運動
中國與朝鮮的反日獨立運動激烈化

一九一九年日本全權代表西園寺公望出席巴黎和會，

要求繼承德國擁有的山東省權益。

國民大會
還我青島

該要求被同意後，在中國民間掀起大規模的反對運動（五四運動）。

不能讓日本為所欲為！

中國政府拒絕簽訂條約。

此外在日本，朝鮮的留學生組織「朝鮮青年獨立團」，開始獨立運動。

以此為契機，朝鮮的首爾也發起脫離日本的獨立運動（三一運動）。

相關主題

東亞外交

日本武力鎮壓非武裝的市民

中國以協約國陣營身分參加巴黎和會，在席上要求日本歸還依據《二十一條要求》所繼承的德國利權卻遭到否決，中國政府因此拒絕簽署《凡爾賽條約》。

中國之所以會做出這樣的行動，是因為中國國內掀起要求直接歸還權益的反日國民運動。**由於是從五月四日的街頭抗議開始，所以被稱為「五四運動」，主要由學生、商人與勞動者等大批市民參與，抗議行動擴及中國全土。**

另一方面，到日本留學的朝鮮學生們，在威爾遜總統提倡民族自決（由民族自身的意見決定政治）的聲浪中組織「朝鮮青年獨立團」，開始獨立運動。以此運動為契機，**朝鮮在三月一日京城（首爾）的公園召開獨立宣言書朗讀會，於是獨立運動擴展至朝鮮全土（三一獨立運動）**。然而，雖然這是非暴力的運動，朝鮮總督府卻出動軍隊與警察嚴厲鎮壓。

關鍵人物

李承晚（1875～1965）
一九四八年大韓民國首任總統。領導「三一獨立運動」，在上海創立大韓民國臨時政府並就任總統。

柳寬順（1904～1920）
參加「三一獨立運動」的女學生。由於入獄後死亡，被稱做是「韓國的聖女貞德」。

簡明地圖！

擴大的日本領土

中國在 1905 年之後被租借了關東州，朝鮮則是在 1910 年被日本合併，同樣對日本益發不滿。

1919年的世界情勢　**威瑪憲法（Weimarer Verfassung）成立：**德國成立威瑪憲法。擁有將直接選舉選出的總統視為國家元首的劃時代憲法內容。

大正民主
自由主義、民主主義的大潮流

相關主題

- 社會問題
- 政治
- 憲法

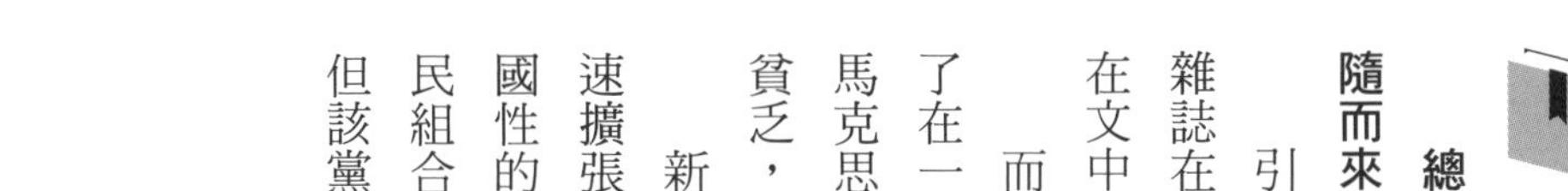

媒體將民主主義思想普及社會

總括大正時代的自由主義、民主主義風潮的擴展，以及伴隨而來的普選運動與護憲運動，史稱「大正民主」。

引導這項發展的是報紙與雜誌等媒體。例如《中央公論》雜誌在一九一六年刊載了吉野作造關於民本主義的論文，吉野在文中主張民眾應參與政治，成為大正民主的火車頭。

而這時馬克思主義也流入日本。《大阪朝日新聞》上連載了在一九一七年出版的河上肇《貧乏物語》，書中帶著濃厚的馬克思主義思想，提倡廢除富裕者的過度奢侈，以廢絕庶民的貧乏，使許多讀者受到啟蒙。

新穎的思想普及，伴隨而來的是勞工運動與農民運動的急速擴張。由於勞動爭議也頻繁發生，於是在一九二一年出現全國性的工會「日本勞動總同盟」，以及一九二二年的「日本農民組合」。此外，同年創立日本共產黨做為第三國際的分部，但該黨並未合法。

關鍵人物

河上肇（1879～1946）
京大教授。發表《貧乏物語》，提倡透過根絕過度浪費來消滅貧窮。為馬克思主義經濟學的權威。

清浦奎吾（1850～1942）
司法官僚、政治家。曾任內務大臣等職，一九二四年就任首相。第二次護憲運動時辭職。

簡明年表！

大正民主的相關過程

大正民主究竟是從何年開始到何年結束，仍然眾說紛紜，這裡選出從一九一二年到一九二五年的相關事件。

- **1912** 日本勞動總同盟的前身——友愛會創立
- **1913** 大正政變（第一次護憲運動）
- **1918** 吉野作造組織黎明會。展開啟蒙活動
- **1921** 日本勞動總同盟創立
- **1922** 日本農民組合、全國水平社、日本共產黨創立
- **1924** 清浦奎吾內閣成立。第二次護憲運動開始
- **1925** 普通選舉法、治安維持法成立

1917年的世界情勢　**俄羅斯革命（1917～1918）**：俄羅斯帝國發生兩次大革命，隔年建立史上第一個社會主義國家。列寧（Lenin）擔任首任的指導者。

賦予二十五歲以上的男性選舉權

大正民主的潮流帶來了擁護政黨政治的「護憲運動」，與要求擴大選舉權的「普選運動」。一九二四年，清浦奎吾組織以貴族院為中心的閥族內閣，但政黨勢力認為閥族內閣已與時代不符，因此組成護憲三派（憲政會、立憲政友會、革新俱樂部）展開倒閣運動。清浦用解散議會重新改選與之對抗，但結果由護憲三派獲勝。清浦內閣總辭下台，轉而由憲政會總裁加藤高明組織護憲三派內閣。

另一方面，一九一九年訴求男性普通選舉權的運動開始勃興，政府也對此政策展開討論，但因一九二三年的關東大地震而一度中斷，不過護憲三派內閣將此案列為政見之一，並且迅速著手執行選舉改革，**一九二五年通過普通選舉法。該法律賦予二十五歲以上的男性全員選舉權，政治民主化頓時向前邁進一大步**。不過，取締共產主義的治安維持法也在此時成立。

風俗習慣

大正時代的住宅狀況

大正時代人口大量流入都市區，使大都市出現住宅不足的問題，因此集合住宅增加。當時的建築樣式以木造為主流，但關東大地震以後開始重視耐震性，於是改用鋼筋水泥建造公寓。而家裡的隔間也以西式洋房為中心，和洋折衷的文化住宅開始流行，西式會客室不再罕見，人們的生活方式逐漸貼近歐美。

近現代史祕辛

米騷動始於主婦們的抗議行動

一九一八年七月由富山縣魚津町的主婦發起的抗議行動為開端，進而發展成米騷動。起先是女性們為了控訴生活困苦而阻止船將米運向其他縣的抗議行動，此事傳遍全日本後，擴大成攻擊米店與商店的暴動。

一九一六年的米價是一石米（譯註：一石即十斗）約十三圓，而米騷動發生在一九一八年八月，當時一石米超過三十八圓，上漲近三倍。

簡明圖解！

選舉制度的變遷

這裡介紹一八八九年至一九四五年的選舉制度的變化。
觀察此表即可看出普通選舉法實施後，
有權投票者數從一九二八年的選舉開始爆增。

選舉法公布年（實施年）		1889年（1890）	1900年（1902）	1919年（1920）	1925年（1928）	1945年（1946）
公布時的內閣總理大臣		黑田清隆	山縣有朋	原敬	加藤高明	幣原喜重郎
有權者資格	年齡	25歲以上				20歲以上
	性別	男子				男女
	直接國稅	15圓以上	10圓以上	3圓以上	無限制	無限制
有權者數		45萬人	98萬人	307萬人	1241萬人	3688萬人
總人口比		1.1%	2.2%	5.5%	20.8%	50.4%

關東大地震
摧毀首都圈的天災

轟隆隆隆
喀拉 喀拉

一九二三年九月一日十一點五十八分

是地震！

發生推估約芮氏規模七・九的大地震，

造成首都圈大規模火災。

全部都燒掉了…

約31萬戶被燒毀 總計3萬7000戶因震全毀、半毀

死亡與失蹤人數超過1萬人

還活著就好。

災難的混亂中，朝鮮人與社會主義者成了被攻擊的目標。
龜戶署轄區內的十名勞工運動指導者被軍隊殺害（龜戶事件）。
甘粕正彥
大杉榮
大杉榮與其內緣妻、外甥遭憲兵隊司令部所殺害，犯案者是甘粕正彥等人（甘粕事件）。
由於地震與火災造成嚴重的損失，結果造成之後的經濟大恐慌。

相關主題

- 社會問題
- 災害

多達六千名朝鮮人因流言慘遭殺害

面臨戰後經濟恐慌的日本經濟，因一九二三年九月發生的關東大地震而再次受到打擊。芮氏七・九的直下型地震，使首都圈受到毀滅性的破壞。死亡與失蹤人數約十四萬三千人，損失總額超過六十億圓。

除此之外還出現比地震還嚴重的問題，那就是日本人發起的「朝鮮人大屠殺」。地震發生後傳出「朝鮮人在井水裡下毒」、「縱火」等謠言，因此各地的市民集結成自警團，一遇到過路人就逼問是否為朝鮮人，若發現是，就格殺勿論。被害的朝鮮人約六千人，中國人則超過兩百人。

藉著這場混亂，同月，在東京龜戶有十名社會主義者遭到軍隊殺害，隔月大杉榮與伊藤野枝被憲兵所殺。這是軍人與警察意圖趁亂將社會主義者趕盡殺絕的計畫。就這樣大地震將日本的「陰暗面」給帶了出來。

關鍵人物

大杉榮（1885～1923）
無政府主義、社會主義者。出版眾多社會主義方面的出版物，對於大正期的勞工運動影響甚大。

伊藤野枝（1895～1923）
女性活動家，無政府主義。大杉的內緣妻（譯註：日本的婚姻制度之一「事實婚」，未依法結婚登記也未入籍的婚姻關係。）。與大杉一起致力於無政府主義運動。

甘粕正彥（1891～1945）
陸軍軍人、憲兵。殺害大杉與伊藤而受軍法會議審判。之後在滿洲攬有大權。

近現代史祕辛

為何會發生「朝鮮人大屠殺」？

大正時代，在日本的朝鮮人從事著低薪工作，而日本人對在日朝鮮人抱持「奪走自己的工作」的不滿，以及「是比自己低等的民族」這樣毫無根據的歧視態度。大正時期在各種形式上都出現那樣的歧視，但同時日本人內心也懷抱著「會不會被他們報復」的恐懼，而這恐懼感被認為是殺害朝鮮人的原因。

1923年的世界情勢

慕尼黑政變：在德國慕尼黑發生以希特勒等納粹黨員為中心的德國戰鬥聯盟引發的政變，僅半日便被鎮壓。（譯註：又稱「啤酒政變」。）

1920～1931

Historical Events 24

恐慌 四大恐慌襲擊日本！

第一次世界大戰後，歐洲復興且生產線恢復，導致日本的出口減少。
一九二〇年戰後經濟恐慌
東西賣不出去……
唉——
再這樣下去，為了擴張事業所借的錢就還不出來了……
經營者
股票也暴跌，戰時創立的公司也一間間倒閉，
我們也得有心理準備……
唉
也是哪……
一九二三年出現震災恐慌
關東大地震使國內經濟受到更嚴重的打擊……
而在一九二七年發生昭和金融恐慌。
不好了!!

相關主題

- 經濟
- 社會問題
- 世界情勢

聽說銀行要倒了！
快去銀行把錢提出來！
天啊！
在這種蕭條的景氣下，很難獨立經營啊。
讓財閥合併吧……
這樣挺不錯。
小型銀行要倒了，把錢存到大型的財閥銀行吧！
擠來
擠去
最後財富向財閥集中，
又與權力勾結壯大勢力。
接著在一九二九年，由於受到從美國波及全世界的金融大恐慌影響，日本也引發昭和恐慌。
高橋是清藏相之後實施管理通貨制，總算控制住事態，
好不容易脫離經濟恐慌的窘況。
高橋是清

震災的空頭支票將銀行逼入絕境

日本受惠於第一次世界大戰，迎來空前的繁榮景氣，但在戰後的一九二〇年之後卻陷入景氣蕭條的窘境。因為軍用需求不再，且復興後的歐洲將工業製品再度出口至全世界，導致日本的產品銷不出去，面臨「戰後經濟恐慌」。日本經濟因為生絲與棉線價格跌到一半以下，導致商品價格與股價暴跌，許多企業急遽破產，而壓垮日本的最後一根稻草是關東大地震。**造成超過六十億圓損失的震災產生龐大的空頭支票，也就是出現無法換成現金的票據，而擁有這些空頭支票的銀行陷入經營危機。**

若槻禮次郎內閣推出救濟措施，但在一九二七年，因片岡直溫藏相的失言導致部分銀行經營惡化之事曝光，國民湧到銀行提現而發生擠兌騷動，此事件被稱為「昭和金融恐慌」。若槻內閣辭職負責，改由立憲政友會的田中義一成立內閣，**高橋是清藏相實行「延期償付令」，姑且將恐慌平息下來**，但仍陷在慢性不景氣的泥淖之中。

關鍵人物

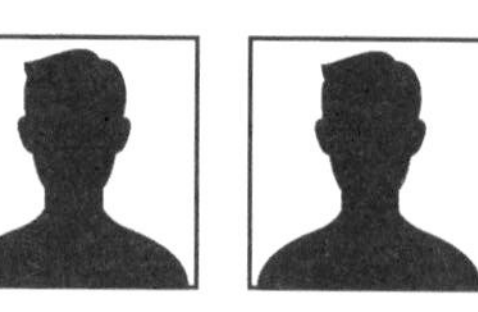

若槻禮次郎（1866～1949）以大藏省官僚身分進入政界。曾任大隈內閣的藏相，之後歷任閣僚，成為立憲民政黨總裁。

濱口雄幸（1870～1931）前大藏省官僚。進入政界之後歷任藏相、內相。一九三〇年遭到右翼人士攻擊，翌年過世。

高橋是清（1854～1936）幕末時為仙台藩士、明治以後成為官僚。立憲政友會總裁。第二十任內閣總理大臣。做為財政家有很高的評價。

近現代史祕辛

造成金融恐慌的藏相失言是怎麼回事？

金融恐慌發生的原因是若槻內閣的片岡直溫失言。片岡在一九二七年的第五十二屆帝國議會上表示「東京渡邊銀行終究還是破產了」。渡邊銀行當時因散漫的經營，加上關東大地震的影響經營極度惡化，不過，此會議召開時已成功調度資金，應該說差一點破產。發言雖然有誤，卻引發了金融恐慌的嚴重事態。

1850
明治
1900
1910
大正
1920
昭和
1930
1940
1950
1960
1970
1980
1990
平成
2000
2010

政府的錯誤政策造成大批失業者出現

之後一九二九年濱口雄幸內閣誕生，**但該內閣實行的經濟政策卻是失敗的。隔年一九三〇年重新啟動於一九一七年停止的金本位體制，執行「金解禁政策**（譯註：禁止黃金出口的政策解禁）**」**，由於日圓可與黃金互換，因此政策的解禁使日圓大幅升值。日圓升值對身為日本經濟中心的出口企業而言雖是損失，濱口卻大膽地企圖透過日圓升值來淘汰日本的不良企業，想藉由企業合併提升國際競爭力。但是，濱口想得太過樂觀。

畢竟在這之前美國才發生過股市崩盤。濱口原以為股票暴跌只是暫時性的，但隨後卻發展成世界經濟大恐慌。**因為經濟恐慌與日圓升值的關係，日本企業一一倒閉，接著廉價的良品流入日本，造成國內生絲與原物料價格跟著暴跌，失業者充斥街頭**，造成「昭和恐慌」。再加上農村的作物歉收，發生多起賣女兒事件。歷經第二次若槻內閣，犬養毅內閣於一九三一年誕生，高橋是清大藏大臣立刻再度禁止金出口。景氣雖然復甦，但日本已傷痕累累。

簡明圖解！

工業製品、農產品價格下滑

左圖表示工業製品與農產品價格的變遷，很明顯兩者都在一九二〇年以後持續下滑，尤其是一九三〇年因農作物豐收使得米價下跌，但諷刺的是隔年又因為農作物嚴重歉收造成失業者大幅增加。不過，這一年高橋是清再度禁止金出口，容許日圓貶值，因此出口急速成長，景氣也開始復甦，但之後人們仍然持續過著困苦貧窮的生活。

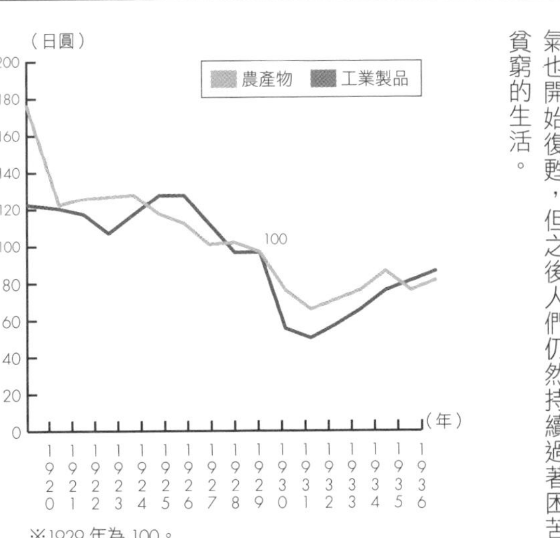

※1929年為100。

1929年的世界情勢

華爾街股災：紐約發生毀滅性的股市大崩盤。股市大跌持續約一個月左右，由於第一天的10月24日是星期四，而有「黑色星期四」之稱。

社會主義運動遭到特高警察鎮壓的勞工運動

※ 指以佃農、勞動者為中心的社會主義黨

相關主題

- 社會問題
- 政治

1850　明治　1900　1910　大正　1920　昭和　1930　1940　1950　1960　1970　1980　平成　1990　2000　2010

普通選舉使社會主義勢力大躍進

一九二〇年代是以農民和勞動組合為中心的「社會主義勢力」增強的時期。他們在一九二五年促使加藤高明內閣通過普通選舉法，目標是「透過選舉改革社會」。一九二六年做為無產政黨（替佃農與勞動者發言的政黨）成立合法的勞動農民黨，一九二八年舉辦第一屆普通選舉，**無產政黨出身的候選人像是山本宣治等，竟有八名當選。另一方面，由於非法的日本共產黨也在選舉時公然造勢，違反當時田中義一內閣制定的治安維持法**，於是同時進行共產黨員的檢舉、結社的禁止與解散（三一五事件）。

緊接著在同年修改治安維持法，將最高刑責定為死刑、無期徒刑，更加重對社會共產主義者的施壓。

隔年也進行大規模的檢舉（四一六事件），而主要執行機構為特別高等警察（特高）。特高成立於一九一一年，一九二八年時全日本皆有設立，徹底取締思想犯、政治犯。

關鍵人物

山本宣治（1889～1929）社會運動者。第一屆普通選舉中代表勞動農民黨當選。在東京神田被刺殺身亡。

田中義一（1864～1929）立憲政友會總裁。在鎮壓社會主義者的同時處理金融恐慌。因皇姑屯事件（譯註：即北洋政府張作霖退回關外時被炸死一事）下台。

近現代史祕辛

小林多喜二因特高的拷問而死

特高對共產黨員和社會主義者的拷問方式相當殘忍。一九三二年指導《赤旗》發行的共產黨幹部岩田義道，以及一九三三年《蟹工船》作者小林多喜二，就因拷問而身亡。據說小林是被赤裸地丟在寒風中，遭多人亂棒打死。特高是靠密告與間諜的手段逮捕社會主義者和共產主義者，接著再以拷問的方式問出同夥的名字，鎖鍊式的一個一個檢舉出來。由於當時的密告行為，使許多無關的人們也遭到逮捕。此外，一九二〇年之後接連出現的新宗教也成為鎮壓的對象。

1929年的世界情勢　**史達林獨裁體制確立：**蘇聯的史達林將與自己對立的托洛茨基（Bronshtein）流放海外，確立史達林獨裁體制。

一看就懂
第3章 總結

甲午、日俄戰爭的獲勝與不平等條約的廢除，使日本成功躋身列強諸國行列。國內吹起自由主義、民主主義的風潮，也發動普選運動與護憲運動，這些運動稱之為「大正民主」。另一方面，因為發生關東大地震與經濟恐慌，造成日本社會人心惶惶。

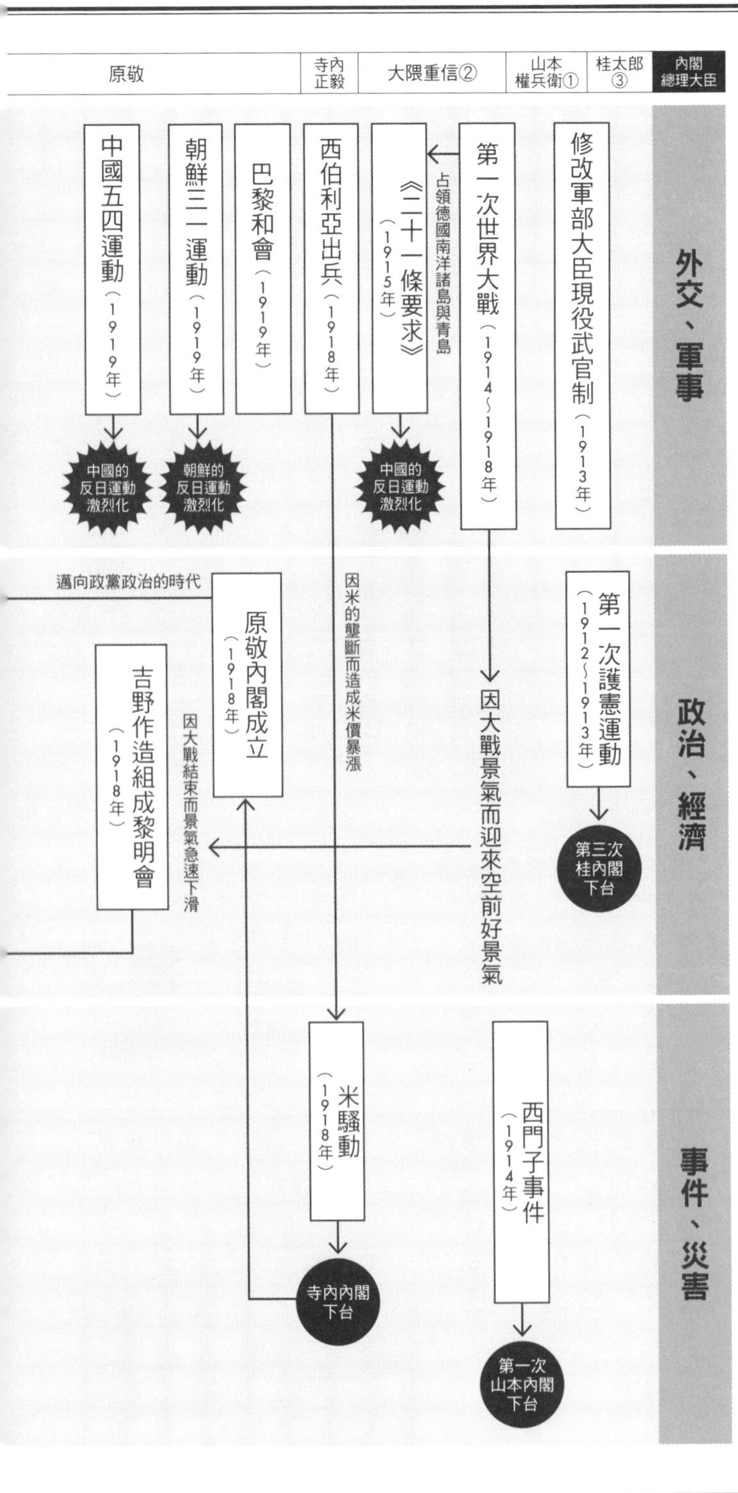

內閣總理大臣	桂太郎③	山本權兵衛①	大隈重信②	寺內正毅	原敬

外交、軍事

- 修改軍部大臣現役武官制（1913年）
- 第一次世界大戰（1914～1918年）→ 占領德國南洋諸島與青島
- 《二十一條要求》（1915年）→ 中國的反日運動激烈化
- 西伯利亞出兵（1918年）
- 巴黎和會（1919年）
- 朝鮮三一運動（1919年）→ 朝鮮的反日運動激烈化
- 中國五四運動（1919年）→ 中國的反日運動激烈化

政治、經濟

- 第一次護憲運動（1912～1913年）→ 第三次桂內閣下台
- 因大戰景氣而迎來空前好景氣 → 因大戰結束而景氣急速下滑
- 因米的壟斷而造成米價暴漲
- 原敬內閣成立（1918年）→ 邁向政黨政治的時代
- 吉野作造組成黎明會（1918年）

事件、災害

- 西門子事件（1914年）→ 第一次山本內閣下台
- 米騷動（1918年）→ 寺內內閣下台

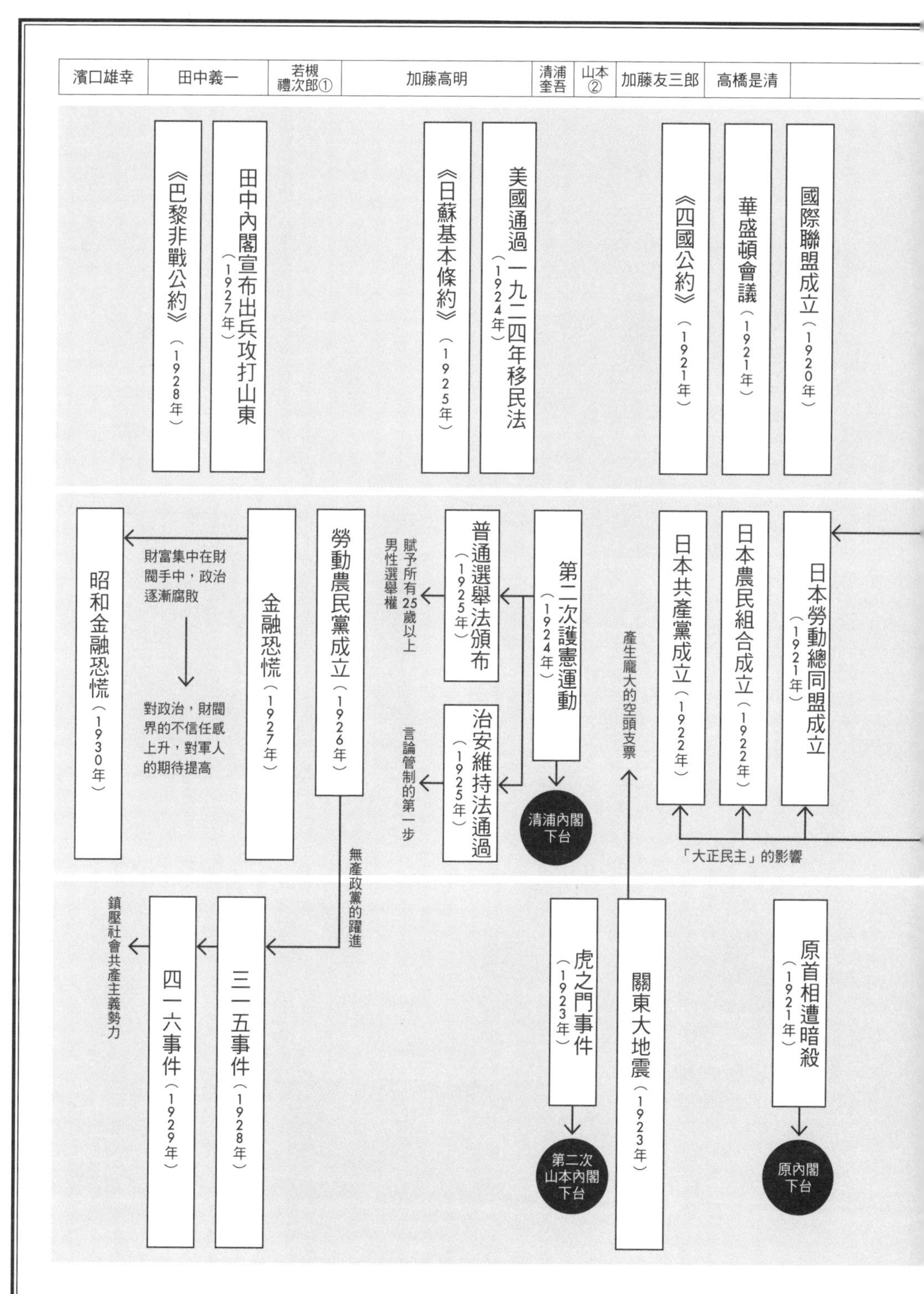
濱口雄幸
田中義一
若槻禮次郎①
加藤高明
清浦奎吾
山本②
加藤友三郎
高橋是清
國際聯盟成立（1920年）
華盛頓會議（1921年）
《四國公約》（1921年）
美國通過一九二四年移民法（1924年）
《日蘇基本條約》（1925年）
田中內閣宣布出兵攻打山東（1927年）
《巴黎非戰公約》（1928年）
日本勞動總同盟成立（1921年）
日本農民組合成立（1922年）
日本共產黨成立（1922年）
「大正民主」的影響
產生龐大的空頭支票
第二次護憲運動（1924年）
清浦內閣下台
普通選舉法頒布（1925年）
賦予所有25歲以上男性選舉權
治安維持法通過（1925年）
言論管制的第一步
勞動農民黨成立（1926年）
無產政黨的躍進
金融恐慌（1927年）
財富集中在財閥手中，政治逐漸腐敗
對政治，財閥界的不信任感上升，對軍人的期待提高
昭和金融恐慌（1930年）
原首相遭暗殺（1921年）
原內閣下台
關東大地震（1923年）
虎之門事件（1923年）
第二次山本內閣下台
三一五事件（1928年）
四一六事件（1929年）
鎮壓社會共產主義勢力

看史料懂更多

大正時代

史稱「大正民主」的民主主義風潮興起，但另一方面，關東大地震與米騷動等令社會陷入不安的事件也接連發生。

大正政變

描繪台上的尾崎行雄議員指著桂太郎首相彈劾的畫面。尾崎和犬養毅等人高舉「打倒閥族・擁護憲政」的旗幟展開護憲運動，迫使第三次桂內閣總辭。

米騷動

由富山縣主婦們引起的騷動為開端擴大到全國。雖然最早是走抗議活動的路線，卻逐漸發展成攻擊米店與商店的暴動。照片是米騷動中被燒毀的，位於神戶的玲木商店總店。

第一次世界大戰

因塞拉耶佛事件而引發歐洲各國、日本和美國都被捲入的大戰爭。照片是法國索姆省地區壕溝戰的狀況。

向西伯利亞出兵

左圖為向西伯利亞出兵的宣傳海報（《救俄討德遠征軍海報》）。這是干涉俄國大革命的一場戰爭，日本派出七萬三千餘名士兵前往西伯利亞東部。

關東大地震

關東地區發生芮氏規模七．九的大地震，死亡與失蹤人數超過十萬人以上。由於剛好是中午用餐時間，使各地發生火災導致損害擴大。

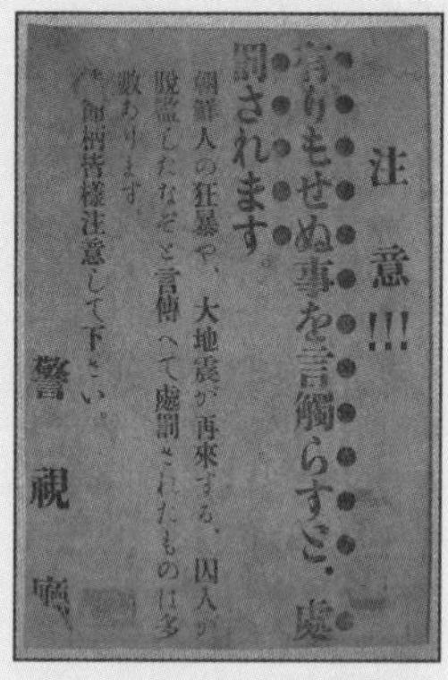

注意!!!

有りもせぬ事を言觸らすと處罰されます

朝鮮人の狂暴や、大地震が再來する、囚人が脱獄したなぞと言傳へて處罰されたものは多數あります。

御銘々様注意して下さい。

警視廳

警告散布流言者的警視廳傳單。地震過後，因「朝鮮人在井水裡下毒」的謠言四起，造成大批朝鮮人被殺傷、殺害的事件。

原敬首相的暗殺現場

1921年11月4日，原敬首相在東京車站乘車口遭暗殺。短刀刺進原敬右胸，幾乎是當場喪命。如今在東京車站的案發現場仍有記載事件概要的紀念版與記號。

寶塚歌劇團

大正時代是形形色色的大眾文化萌發的時代，而在關西出現了寶塚歌劇團。以「男女老少都可欣賞的國民劇」為目標，至今仍然持續演出。

第4章 軍部崛起，邁向戰爭的時代

1931年 柳條湖事件。九一八事變爆發

1932年 關東軍占領主要地區。一二八事變爆發
血盟團事件、五一五事件發生
李頓調查團被派遣至滿洲

失控的軍部結果導致世界大戰

日本進入昭和時期後，取代政黨政治獲得國民支持的軍部，為了尋求活路、挽救日本已跌落谷底的經濟而進攻滿洲。

為守護滿洲權益所設置的關東

1933年　日本宣布退出國際聯盟

1936年　二二六事件爆發
締結日德防共協定〈隔年為日德義〉

1937年　因七七事變引發中日戰爭（八年抗戰）

1938年　內閣頒布國家總動員法。進入戰時體制

1939年　第二次世界大戰爆發

1940年　實施七七禁令與憑票制
簽訂《日德義三國同盟條約》

1941年　日軍攻擊珍珠港。太平洋戰爭爆發

1942年　中途島海戰日本大敗

1943年　義大利無條件投降

1945年　德國無條件投降
廣島與長崎原子彈爆炸
日本接受盟軍的《波茨坦宣言》

軍，從一九三一年便進行大規模軍事行動（九一八事變）以壓制各都市。為了控制滿洲全土，關東軍無視若槻內閣的想法而開始失控。

在日本國內，青年軍官與右翼人士率領的恐攻行動一再發生，造成犬養毅首相等對軍部持批判態度的政治家與財經人士的被害事件。

一九三七年以七七事變為開端爆發中日戰爭，而後發展成如泥淖般的長期戰。當時因九一八事變等遭全世界撻伐的日本，與德國、義大利達成協議，簽訂《日德義三國防共協定》，日德義三國組成軸心國。

一九三九年第二次世界大戰開始，眼見德國連戰皆捷，日本於是不顧美國開始向南方進攻，企圖建立大東亞共榮圈。結果太平洋戰爭爆發，初期雖占優勢，但後來轉為劣勢，最後因美軍投下原子彈而無條件投降。

九一八事變
在軍部的策劃下建立滿洲國

一九三一年
柳條湖事件
南滿洲鐵道（滿鐵）的軌道被炸了！
是中國搞的鬼！
關東軍以此為藉口在滿洲發起軍事行動，但其實是關東軍的自導自演。
關東軍推立曾是清朝皇帝的愛新覺羅溥儀為皇帝，在滿洲建立傀儡國家。
愛新覺羅溥儀
有從日本來的如滿洲開拓團等的開拓者。
然而在中國的控訴下，國聯派遣李頓調查團前去調查，
結果認定是日本的行為不當。

相關主題

- 政治
- 東亞外交

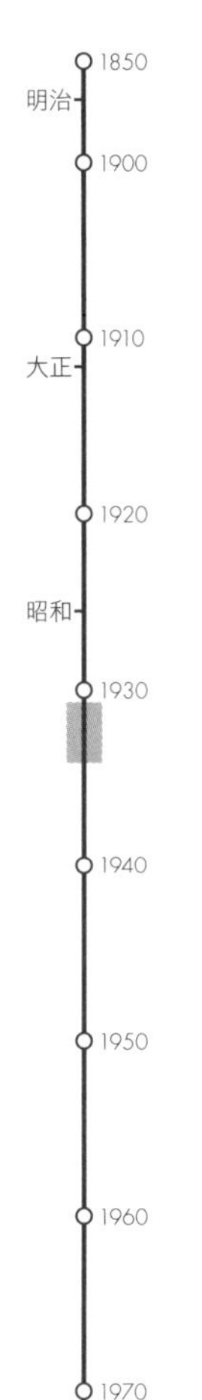

日本的軟弱外交不斷受到批評

九一八事變的發生，若用一句話來說明那就是「關東軍失控」。一九二四年加藤內閣成立後雖然繼續維持政黨政治，但經濟恐慌等事件接二連三爆發，人們的生活陷入困境，政府對此卻束手無策。此外，黨員貪污瀆職的事件也層出不窮。

另一方面，在與中國的外交上，依據華盛頓會議結果，日本須歸還山東半島的利益權力，而政府又承認中國的關稅自主權。**日本國內批評政府外交軟弱，支持軍部的聲浪高漲**。

此時在中國，由於中國政府形同虛設，由各地的軍閥各自掌握政權，於是蔣介石與中國共產黨聯手組成國民革命軍，自一九二六年展開北伐。北伐鎮壓了這些軍閥並加以統合，力求一次成為統一國家。對此狀況感到危機意識的田中義一內閣，支援掌控滿洲的張作霖，企圖阻止蔣介石的行動。

關鍵人物

張學良（1901～2001）
中華民國的政治家、軍人。張作霖的長男，父親死後與國民政府合流。在西安事變中扣押蔣介石。

石原莞爾（1889～1949）
陸軍軍人。做為關東軍參謀相當活躍。與板垣征四郎計劃九一八事變，建立滿洲國。

簡明年表！

九一八事變前後的動向

以下為從一九二四年的國共合作到一九三二年的李頓調查團派遣，在滿洲國的日本、中國雙方的動向年表。

年	事件
1924	中國國民黨與共產黨聯盟（第一次國共合作）
1926	蔣介石展開北伐
1927	蔣介石占領南京。國共合作破局 建立國民政府 日本開始向山東出兵
1928	皇姑屯事件 張學良臣服於蔣介石 中國完成統一
1929	田中義一內閣因惹怒天皇而總辭
1931	柳條湖事件 九一八事變爆發 犬養毅內閣成立
1932	關東軍占領滿洲全域 國際聯盟派李頓調查團進行調查

1931年的世界情勢

裁軍談判會議（Conference on Disarmament）：為1932到1934年，為由國際聯盟主辦的裁軍談判會議。原本有六十一個國家參加，但由於1933年日德退出國聯而使談判並未成功。

關東軍的失控激怒政府

一九二八年，關東軍違背政府意願炸死張作霖。**以參謀河本大作為中心，關東軍故意將此事嫁禍給中國國民政府，並以此做為軍事占領滿洲的藉口**。不過這個企圖被張作霖之子張學良看穿，於是張學良轉而歸順蔣介石，達成國民政府統一中國的大業。**關東軍的失控行為使田中首相大為震怒**，然而雖答應天皇要嚴懲主謀者，卻因受到害怕被國民撻伐的軍部和執政黨的反對而作罷。但此舉卻惹怒天皇，田中首相總辭。

三年後，關東軍再度失控。**這次是炸毀日本所擁有的滿洲鐵道（柳條湖事件），並且又再次推說是中國軍所為而展開大規模的軍事行動**。中國政府向國際聯盟投訴關東軍的違法行動，於是國際聯盟派出李頓調查團前往調查，日本政府也為了收拾殘局，提出和中國共同管理滿洲的方案。

關東軍於一九三二年二月幾乎占領了滿洲東三省，但因擔心調查團與政府的動作，於是擁戴清朝的皇帝溥儀強行建立滿洲國，但日本並未承認該國家。

近現代史祕辛

移民滿洲的是怎樣的人民呢？

移民滿洲的人們主要來自因景氣蕭條而陷入貧困的農村區。正式移民是從一九三六年「百萬戶移民計畫」開始，最早是先送入武裝移民，到第三次開拓團時才終於移入開拓農民。一九三六年，東北地方、長野縣等沒有自耕地的農家二男、三男，以「分村」（譯註：將日本的村、鄉視為「母村」，從中分出部分農戶組成開拓團，移居到中國東北建立「分村」）的移民方式被送過去。當時據說關東軍從中國農民處搶來的土地約有一千萬公頃，而被奪走土地的農民中有很多人進行武裝抗日行動，對關東軍進行徹底抗戰。

風俗習慣

庶民的娛樂——廣播放送開始

日本最早開始播放廣播是在一九二五年，於東京、名古屋與大阪開始播放。而在一九二八年也開始播放大相撲（譯註：即現今的職業相撲比賽）的轉播與廣播體操，對庶民而言廣播是不可或缺的娛樂。在那之後，也推出音樂節目等各種娛樂節目。

簡明地圖！

關東軍侵略圖

下圖為九一八事變的關東軍進攻路線。
滿洲指的是奉天(譯註：今中國遼寧省)、吉林、
黑龍江三省，而滿洲三省再加上熱河、興安二省為滿洲國。
關東軍的進攻延伸到蒙古與蘇聯國境。

1933

Historical Events 27

國聯是一九二〇年為維護世界和平與以國際合作為目的創立的國際組織。

關於九一八事變，李頓調查團的報告雖表示對日本在滿洲的權益有一定理解，卻不承認滿洲國。

一九三三年二月召開的聯盟特別總會中，只有日本表示反對，以42：1（棄權1）通過此報告書。

既然不認同日本的主張，那日本就不得不退出國際聯盟了。

日本雖為常任理事國，卻不服此案而退出聯盟，不僅惹怒各國也逐漸在世界中被孤立。

全權代表　松岡洋右

相關主題

- 東亞外交
- 世界情勢

1850 明治 1900 1910 大正 1920 昭和 1930 1933 1940 1950 1960 1970 1980 平成 1990 2000 2010

李頓調查團報告是退出國聯的主因

一九三二年，關東軍擁戴溥儀建立滿洲國（參見134頁），當時的犬養毅首相完全不承認該國，並摸索著和平解決此事的辦法，他的想法是承認中國擁有滿洲所有權，而在經濟上實質支配滿洲。犬養雖打算與中國國民黨以外交談判來解決此事，但卻受到內閣書記官長森恪等對中強硬論者的阻礙而計畫受挫，接著又因遭到軍部怨恨而被暗殺（參見140頁）。接替的齋藤實內閣很快就簽訂《日滿議定書》承認滿洲國。

另一方面，被派遣至滿洲國的李頓調查團花了三個月調查該地的政治狀況，九月提交報告書給國際聯盟。**國際聯盟基於報告書的內容，在對日本召開的臨時總會上否定關東軍的軍事行動並要求撤軍**。這時在議場上的松岡洋右等全權代表團離席，並向內閣報告該決定。**於是日本政府宣布正式退出國際聯盟，在國際間選擇走向孤立之路（一九三五年啟用）**。

關鍵人物

齋藤實（1958～1936）
軍人、政治家。出任海軍大臣，並曾任兩期朝鮮總督。之後擔任第三十任內閣總理大臣。

松岡洋右（1880～1946）
外交官、之後出任外務大臣。帶領日本退出國聯、簽訂《日德義三國同盟條約》、日蘇中立條約等。

李頓伯爵（2nd Earl of Lytton）（1876～1947）
為英國政治家並擔任印度總督。為調查九一八事變而被派任為李頓調查團的團長。

近現代史祕辛

李頓調查團對日本其實懷抱好意？

根據李頓調查團的報告書，由於不認為關東軍的行動是出於自衛，也不承認滿洲國是國家，因此此份報告書被認為強烈否定日本，但其實對日本也有一定的考量。其中提議設置以簽訂中日條約為目標的會議，而該條約主要是為了保護日本的經濟權益。

1933年的世界情勢

小羅斯福總統就任：1932年舉行的美國總統選舉上，民主黨的富蘭克林．羅斯福當選，出任總統。

政黨政治的瓦解

政治家、財閥界人士一一遭殺害

現今的政治太腐敗了！該由我們來改正社會！

要讓那些腦滿腸肥的支配者受到天譴！

一九三一年陸軍中堅軍官的政變計畫因消息走露而未遂。

（三月事件、十月事件）

一九三二年右翼團體血盟團暗殺井上準之助前藏相。

三月五日暗殺三井合名會社理事長團琢磨（血盟團事件）。

井上準之助前藏相

一九三二年，青年軍官們襲擊總理大臣官邸，殺害內閣總理大臣犬養毅（五一五事件）。
有話好說！

可怕的事件一再發生呢！
社會真是動盪啊。

下任總理大臣聽說是海軍大將齋藤實的樣子。
政黨政治也結束了哪。

相關主題

- 社會問題
- 政治

明治 1850 1900 1910 大正 1920 昭和 1930 1940 1950 1960 1970 1980 平成 1990 2000 2010

軍部策劃軍事政變

由於接二連三的經濟恐慌和貪污事件，政黨內閣在一九二〇年代後半逐漸失去國民的信賴。此外，由於在一九二八年通過與歐美各國的《非戰公約》，以及一九三〇年簽訂《限制和削減海軍軍備條約》（即倫敦海軍條約），受到陸海軍軍官和右翼的強烈批判，尤其是濱口內閣不顧海軍軍令部長的反對簽訂縮減軍備條約時，更被認為是侵犯統帥權（譯註：依據大日本帝國憲法，天皇擁有軍隊的統帥權，所以軍隊是直屬於天皇，獨立於內閣之外的）而激起軍部反彈。

一九三一年三月，陸軍青年軍官的地下組織「櫻會」策劃軍事政變未遂（三月事件）。接著在十月，同樣的組織「櫻會」為呼應引發九一八事變的關東軍，而策劃要扳倒政黨內閣，仍然未果（十月事件）。接著隔年二、三月，前任藏相井上準之助與三井合名會社理事長遭到右翼的血盟團員暗殺身亡（血盟團事件），五月，犬養毅首相被一群海軍軍官射殺（五一五事件）。**軍部透過這些恐怖攻擊強化對政治的影響力，於是下任首相由海軍大將齋藤實就任，持續約八年的政黨政治就此告終。**

關鍵人物

橋本欣五郎（1890～1957）
陸軍軍人、政治家。組織櫻會，幾度嘗試政變皆失敗。在東京法院遭起訴。

井上日召（1886～1967）
日蓮宗僧侶。戰前的血盟團與戰後的護國團指導者。在血盟團中列出許多重要人物做為攻擊目標。

犬養毅（1855～1932）
立憲政友總裁、第二十九任內閣總理大臣。在首相官邸被海軍軍官們射殺身亡。

近現代史祕辛

血盟團計劃殺害的人超過二十名

以茨城縣的大洗町為據點進行政治活動的井上日召組織血盟團，列出二十幾位政界、財閥界的重要人物名單，下令團員「一人一殺」。之後進行恐怖攻擊殺害民政黨的井上準之助與三井財閥領袖團琢磨，被以實行犯遭逮捕。此外，由於血盟團組織性的犯案已被警察知曉而主動自首，十四名相關人士一起被逮捕，計畫因而受挫。

1932年的世界情勢　**簽訂《蘇波互不侵犯條約》**：蘇聯與波蘭間簽訂的放棄軍事攻擊條約。1939 年蘇聯與納粹德國聯手進攻波蘭，單方面撕破條約。

政變與恐怖攻擊
軍部發動大規模政變

一九三六年二月二十六日

以實現天皇親政為目標，皇道派的青年軍官們發動叛亂，占據永田町一帶。

隔天二十七日發布戒嚴令，二十九日即被鎮壓。

在此事件中，高橋是清藏相與齋藤實內大臣遭到殺害。

岡田啟介首相逃過一劫。

高橋是清（藏相）

齋藤實（內大臣）

岡田啟介（首相）

二二六事件

相關主題

- 社會問題
- 政治

1850 明治 1900 1910 大正 1920 昭和 1930 1940 1950 1960 1970 1980 平成 1990 2000 2010

一千四百名軍人襲擊國會

退出國際聯盟後，日本國內的軍部與右翼勢力增強。當時，軍部分為以實現天皇親政為目標，由荒木貞夫等人組成的皇道派，以及由東條英機等人組成，獲得財閥界等支持而企圖合法建立高度國防國家的統制派，兩派激烈對立。一九三五年皇道派殺害統制派的永田鐵山（相澤事件）。隔年二月二十六日，青年軍官率領一千四百名士兵發動大規模政變，**他們攻擊國會、首相官邸與警察廳，並殺害齋藤實內大臣與高橋是清藏相（二二六事件）**。天皇對此大為震怒並下令討伐，因此政變數日便被鎮壓，引發叛亂的青年軍官與北一輝等人受審後被判死罪。

皇道派在叛亂失敗後瓦解，改由勢力增強的統制派掌控軍部，並且逐步介入政治。尤其是一九三六年的廣田弘毅內閣成立時，統制派成功讓內閣恢復被廢除的軍部大臣現役武官制。由於此制度規定陸、海軍大臣只能由現役軍人擔任，**導致內閣的維持陷入不能沒有軍部協助的狀態**。

關鍵人物

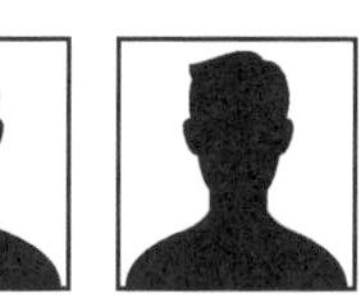

荒木貞夫（1877～1966）
陸軍軍人。皇道派的中心人物。在犬養、齋藤內閣中擔任陸相，近衛內閣與平沼內閣時擔任文相。

永田鐵山（1884～1935）
陸軍軍人，為統制派的中心人物。曾任參謀本部第二部長，步兵第一旅團長等。在與皇道派的紛爭中被殺。

廣田弘毅（1878～1948）
曾任外務大臣、第三十二任內閣總理大臣、貴族院議員等。在遠東國際軍事法庭被判有罪，被處以死刑。

近現代史祕辛

天皇機關說也遭到軍部的攻擊

天皇機關說指的是「國家的統治權屬於身為法人的國家，而天皇做為國家最高的統治機構行使統治權」，此學說由憲法學者美濃部達吉等人所主張，是已通行三十年的憲法學通說。另一方面，天皇主權說認為「國家的主權與統治權皆屬於天皇個人，對其權力的行使沒有限制」，在軍部崛起後天皇主權說成為主流，天皇機關說則受到激烈抨擊，貴族院議員美濃部被迫辭職下台。

1935年的世界情勢

紐倫堡法案（Nürnberger Gesetze）：納粹德國背棄《凡爾賽條約》，宣告重整軍備並脫離國聯。接著再剝奪猶太人的公民權，制定《紐倫堡法案》。

1920～1933

Historical Events 30

恐慌解除 軍需景氣將日本從恐慌解救出來

一九二九年紐約華爾街股市崩盤造成經濟大恐慌，英國與法國則各自組成貿易圈施行集團經濟。
美國總統小羅斯福施行「羅斯福新政（The New Deal）」，試圖振興經濟。
羅斯福總統

一九三〇年代，由於有軍事費用擴大與出口增加等的幫助，日本逐漸脫離經濟恐慌。
由於軍需等的需要，重化學工業發達，日產、日窒、森、日曹、理研等新興財閥也開始興起。

景氣終於復甦了！
嗚—

嗚笛聲響了，休息時間結束了。
若能就這樣和平下去該多好……

相關主題

- 經濟
- 世界情勢

殖民地政策推動好景氣

一九三〇年濱口雄幸實施金解禁政策，導致日本陷入景氣大蕭條的窘況（參見122頁），隔年組成的犬養毅內閣立即再次實施禁止金出口的政策，外匯市場這才一口氣從日圓升值變成日圓貶值。由於日圓貶值對日本的出口產業相當有利，出口量因而飛躍性地成長，尤其是棉織物出口更有成為世界第一的氣勢。其實，**之所以能推動這波經濟復興，有很大一部分是因為有滿洲國等殖民地的存在，由於沒有關稅等貿易壁壘的阻礙，讓日本能夠對殖民地大量出口物品**，也多虧如此，經濟在一九三三年時已恢復到經濟恐慌之前的水準。

此外，一九三〇年代前半期軍部發言力增強，軍需擴大也是使經濟復興的原因之一。一九三六年日本退出華盛頓、倫敦海軍軍備會議，沒有了軍事費用的束縛，重化學工業的生產量大幅躍進。一九三七年，金屬、機械、化學工業的生產總額超過工業生產額的一半，日本經濟奪回過去的氣勢。

簡明圖表！

工業生產額的變遷

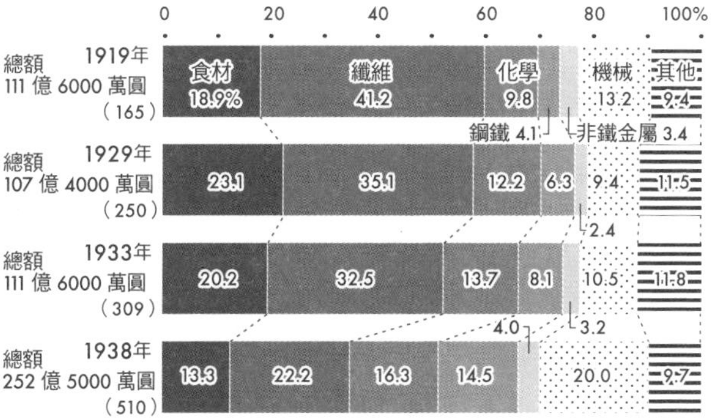

年	總額		食材	纖維	化學	鋼鐵	非鐵金屬	機械	其他
1919年	111億6000萬圓	(165)	18.9%	41.2	9.8	4.1	3.4	13.2	9.4
1929年	107億4000萬圓	(250)	23.1	35.1	12.2	6.3	2.4	9.4	11.5
1933年	111億6000萬圓	(309)	20.2	32.5	13.7	8.1	3.2	10.5	11.8
1938年	252億5000萬圓	(510)	13.3	22.2	16.3	14.5	4.0	20.0	9.7

左邊的圖表是表示1919年～1938年的工業生產明細。1933年的時間點上金屬、機械、化學工業製品占了近一半。
出處：摘自《長期經濟統計10礦工業》

關鍵人物

鮎川義介（1880～1967）
日本三〇年代的好景氣時成立的新財閥——日產Konzern的創辦人。曾任貴族院議員，石油公司社長等。

野口遵（1873～1944）
實業家。為日本窒素肥料（現今的CHISSO）為中心的新財閥——日窒Konzern的創辦人。

1938年的世界情勢

水晶之夜（kristallnacht）：水晶之夜指的是十一月德國各地發生反猶太主義暴動，當時猶太人居住區一一遭到攻擊，主導者為納粹成員。

中日戰爭
無止盡的領土擴張野心造成戰爭泥淖化

一九三七年七月七日發生七七事變，日本與中國因此全面開戰。
於盧溝橋
終於和中國開打了呢。
未來究竟會變得如何呢？
在中國，中國國民黨和中國共產黨聯手合作，組成抗日民族統一戰線（第二次國共合作）。
一九三六年日本與德國簽訂防共協定，一九三七年義大利也加入協定（日德義三國防共協定）。
中國共產黨
毛澤東
國民黨代表
蔣介石

相關主題

東亞外交
世界情勢

一個滿洲國滿足不了關東軍

中國國民政府向國際聯盟控訴日本在滿洲的暴行，但卻對因退出國際聯盟而士氣大漲的關東軍無計可施，且因與共產黨勢力內戰而分身乏術，不得不默認滿洲國。另一方面，**關東軍並不只滿足於滿洲國，為擴大勢力而計劃進攻華北**。當時山東、山西等五省的華北屬中國國民政府的管轄下，但日本強硬地將此地列為中立地帶，建立傀儡政權擴張勢力。**該作戰稱為「華北五省自治」**。

中國國內的抗日輿論興起，而在國民政府內部「停止內戰轉和日本開戰」的聲浪也高漲，一九三六年，為呼應這些聲音張學良軟禁蔣介石迫使他停止與共產黨的內戰（西安事變）。蔣介石最後被說服，國共合作組織「抗日民族統一戰線」。

而在一九三七年七月，中國軍與關東軍終於在北京郊外的盧溝橋發生衝突（七七事變）。之後雖曾一度簽訂停戰協議，但日方卻中途毀約導致戰事擴大。

關鍵人物

蔣介石（1887～1975）
在孫文過世後，蔣介石成為中國國民黨領導者。二戰後，因與共產黨的內戰戰敗而撤退到台灣。

汪兆銘（1883～1944）
中國的政治家。眾所皆知的親日派。中日戰爭開始後，與強硬派的蔣介石分道揚鑣，提倡和平救國。

近衛文麿（1891～1945）
第三十四、三十八、三十九任內閣總理大臣。在中日戰爭裡起初採不擴大戰事的姿態，後來屈於軍部的壓力而改變方向。

簡明年表！

中日戰爭的來龍去脈

建立滿洲國以來，日本為擴展殖民地而侵略華北，結果引爆中日戰爭。以下用年表觀察前後的動向。

年	事件
1935	關東軍推動華北五省自治
1936	西安事變
1937	近衛文麿內閣成立 七七事變→中日戰爭 淞滬會戰 第二次國共合作 南京大屠殺
1938	近衛內閣、國民政府間的交涉中止
1940	以汪為首於南京建立新國民政府

1937年的世界情勢

義大利退出國聯：對於義大利入侵衣索比亞，各國展開經濟制裁，因此繼日本、德國，義大利也退出國際聯盟。

不斷掠奪行暴的日本軍

七七事變以來，日本接連投入大批兵力，一九三七年十一月占領上海，十二月占領做為國民政府首都的南京。**這段期間日軍掠奪、施暴等暴行不斷，殺害許多人民與俘虜（南京大屠殺）**。

另一方面國民政府雖退到重慶，但並未放棄徹底抗戰的態勢。日本一開始不願戰事拖長，於是派駐華德國大使陶德曼（Trautmann）進行調停，中國方面也表現出願意回應的態度。然而，由於日本成功占領南京，近衛文麿內閣最後選擇繼續進攻，使得戰爭陷入泥淖化。

一九四〇年，日本向繼蔣介石之後國民政府的第二把交椅汪兆銘密集示好，並將汪兆銘從重慶拉攏到南京創立新國民政府。相對地，蔣介石受到美英等列強支持，透過援蔣路線（譯註：指八年抗戰期間，列強對中國的軍事援助輸送路線）維持勢力。因此中日戰爭持續到一九四五年，日本在太平洋戰爭中戰敗為止。

近現代史祕辛

南京大屠殺的爭論

關於南京大屠殺的事件全貌眾說紛紜，時至今日仍爭論不休。尤其是犧牲者人數從數千人，到約三十萬人（中國政府的官方見解）的說法不等，雖然沒有定論，但研究者間認為三十萬人的數字太過誇大。

犧牲者數之所以有各種說法，其背景原因是對於「虐殺」（不法殺害）的定義，以及做為對象的地域、期間等採取的角度不同。

此外，日本政府表示「無法否認對非戰鬥員的殺害或掠奪行為」、「（關於犧牲人數）政府難以認定正確的數字」。

風俗習慣

一九三七年的日本狀況為何？

當時的日本國內景氣一片繁榮，松竹和東寶電影公司成立，國際劇場開場、後樂園球場開場等各種娛樂設施相繼出現，讓許多人享受到很多的娛樂。

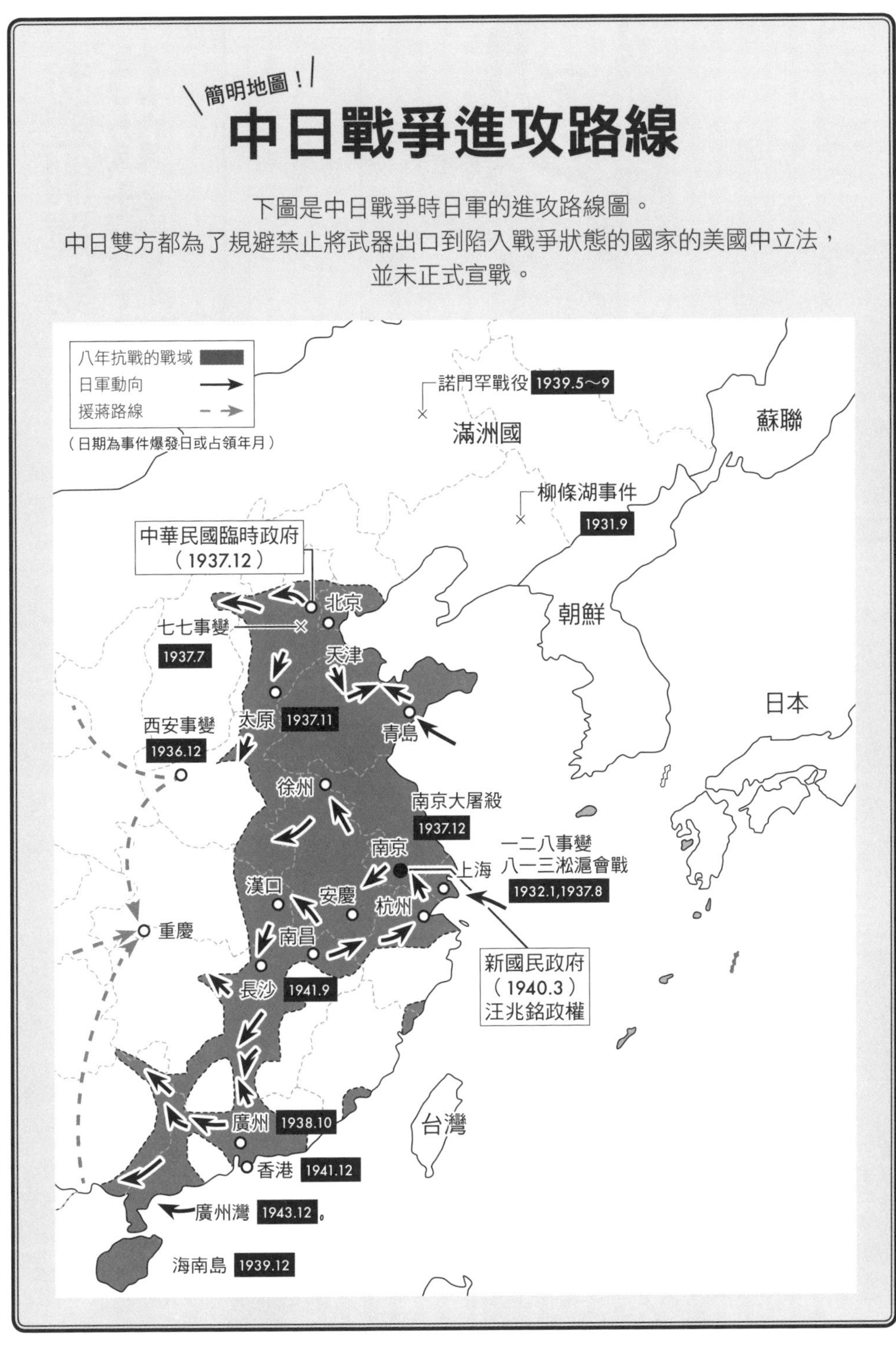
簡明地圖！
中日戰爭進攻路線
下圖是中日戰爭時日軍的進攻路線圖。
中日雙方都為了規避禁止將武器出口到陷入戰爭狀態的國家的美國中立法，
並未正式宣戰。
八年抗戰的戰域
日軍動向
援蔣路線
（日期為事件爆發日或占領年月）
諾門罕戰役 1939.5～9
滿洲國
蘇聯
柳條湖事件
1931.9
朝鮮
日本
中華民國臨時政府
（1937.12）
北京
七七事變
1937.7
天津
太原 1937.11
青島
西安事變
1936.12
徐州
南京大屠殺
1937.12
南京
一二八事變
八一三淞滬會戰
1932.1,1937.8
上海
漢口
安慶
杭州
重慶
南昌
新國民政府
（1940.3）
汪兆銘政權
長沙 1941.9
廣州 1938.10
台灣
香港 1941.12
廣州灣 1943.12
海南島 1939.12

新體制運動 仿效納粹而創立的大政翼贊會

相關主題

政治

新體制運動解散政黨

中日戰爭一開打，日本政府便將國民捲入戰爭之中。其中一點就是一九三八年制定的國家總動員法，即政府可以不經過議會同意就召集與動員戰爭所需的人力物資的法律。而在隔年，基於國家總動員法，頒布強制要求國民參與軍需產業的國民徵用令。優先生產軍需品，限制不需要也不急迫的日用品的生產與進口，政府的經濟統制也愈趨於嚴格。

一九四〇年**六月近衛文麿展開新體制運動。該運動的目標是創立類似德國納粹的政黨，以一黨為中心實施政治，而立憲政友會等既成政黨也因此解散，並參與新體制運動**。對近衛充滿期待的軍部逼迫當時的米內光政內閣下台，一九四〇年七月近衛內閣（第二次）組成。

同年十月，大政翼贊會創立。總裁由內閣總理大臣的近衛文麿擔任，道府縣與郡、市町村皆設有分部。然而，大政翼贊會卻沒有成為期待中強力的一黨獨裁組織。

關鍵人物

近衛文麿（1891～1945）
大政翼贊會的創立者。戰後被判為甲級戰犯後自殺。

米內光政（1880～1948）
第三十七任內閣總理大臣。反對《日德義三國同盟條約》，新體制運動興起時被迫辭職。

風俗習慣

米、生活必需品全為配給制

國家總動員法的制定下，國民的生活有了很大的轉變。一九四〇年推出「七七禁令」政策，由於奢侈品被禁止製造與販售，因此成為市民無法接觸到的東西。此外，米也變成配給制，而火柴、砂糖等生活必需品則是以憑票制來配給。「戰勝之前，別無所求」（譯註：原文為「欲しがりません　勝つまでは」，直譯是指「什麼都不想要，直到勝利為止」）的口號是有名的戰中標語，也是由政府所設計。人們因物資不足而進行黑市買賣，但隨著戰爭的進行這也變得愈來愈困難，人們陷入極度食糧不足的困境。

1938年的世界情勢　**花園口決堤事件**：為阻止日軍的進擊，中國國民黨炸破黃河堤坊，但卻造成河水氾濫，數十萬住民淹死的慘劇。

第二次世界大戰爆發 日本參戰的真正原因

一九三九年九月一日納粹黨希特勒率領德軍侵略波蘭。
在日本——
為了脫離美國等的經濟壓迫，軍部選擇開戰，但近衛首相卻認為應該持續日美交涉……
近衛首相辭任東條內閣誕生（1941年10月18日）
近衛文麿首相
東條英機陸軍大臣
希特勒
一九三九年九月三日波蘭的同盟國英國和法國，向德國宣戰，引發第二次世界大戰。
締結日德義三國軍事同盟的日本，在一九四一年十二月攻擊夏威夷珍珠港。
和美國、英國進入交戰狀態（太平洋戰爭）。

相關主題

世界情勢

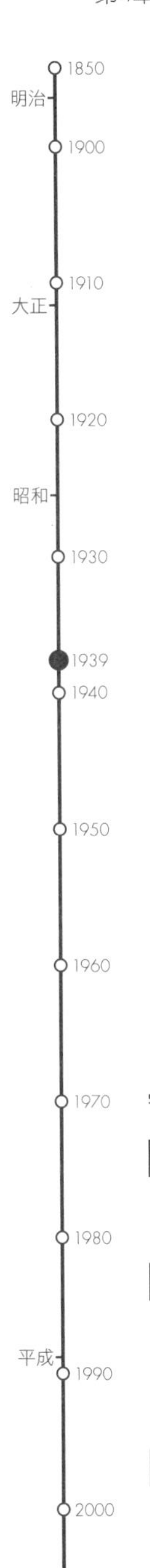

經濟因素將日本推向參戰之路

一九三九年，第二次世界大戰爆發。由於德國進攻波蘭，英國與法國因而向德國宣戰而開戰。日本在大戰爆發前對戰爭是採消極的態度。一九三八年，納粹德國以蘇聯、英國和法國為假想敵，向近衛內閣提出軍事同盟的提議，但近衛尚未回應就下台。繼任的平沼騏一郎也對參加同盟與否舉棋不定。接下來在一九三九年成立的阿部信行內閣與一九四〇年成立的米內光政內閣也都採取不介入歐美戰爭的立場。

然而，**日本後來轉換立場是因為經濟的因素。**當時日本在占領地創造了名為「日圓貿易圈」的經濟圈。但因中日戰爭造成軍需物資不足，不得不仰賴英國或其勢力下的地域進口物資，造成進口過剩的狀態。在這樣的情況下，德國的侵略戰爭成功，法國、比利時、荷蘭敗退。**政府考量「站在德國那方較有利」進而策劃將荷蘭、法國的殖民地納入本國的版圖之下。**

關鍵人物

平沼騏一郎（1867～1952）
司法官僚、政治家。曾歷任樞密院議長、檢事總長。戰後被判為甲級戰犯入獄，後因生病而被釋放。

阿部信行（1875～1953）
陸軍軍人、政治家。曾任初代翼贊政治會總裁、朝鮮總督等。首相在位時竭力阻止軍隊失控。

簡明年表！

第二次世界大戰參戰緣由

日本雖對參與大戰興趣缺缺，但結果卻不得不參戰。以下用年表整理大戰爆發前後的動向。

1938 納粹德國、奧地利合併
向近衛內閣提議軍事同盟
國家總動員法頒布

1939 平沼內閣成立
針對軍事同盟，積極的陸軍與消極的海軍間發生對立
美國宣布《日美通商航海條約》廢止
成立阿部信行內閣

1940 米內光政內閣成立
新體制運動實施
第二次近衛內閣成立

1941 簽訂《日蘇中立條約》
攻擊夏威夷珍珠港

1939年的世界情勢　**紐約世界博覽會**：從一九三九年四月開始約一年時間，美國紐約市召開為期一年的世界博覽會。

三國同盟
走向日美對決的關鍵——日德義同盟

相關主題

對美關係
世界情勢

日本起初對軍事同盟的提議意興闌珊

一九四〇年九月，日本、德國與義大利在柏林簽訂**《日德義三國同盟條約》**，決定了三國在軍事上的合作。而三國同盟的前身是一九三七年簽訂的《日德義三國防共協定》，但這並非是為了對抗第三國際等國際共產主義運動威脅而成立的軍事同盟。

《防共協定》簽訂之後，除了蘇聯，德國也將英國、法國視為假想敵，而向日本提議結為軍事同盟。**日本的外務大臣與海軍雖對此提議表現出消極的態度，但第二次世界大戰開打後，看到德國的活躍，漸漸走向應與德國結為軍事同盟的局勢。**

日本從更早以前就為了確保軍需物資而企圖將勢力伸向東亞與東南亞，但卻招致同樣在此地域推行政策的美國反感，因而遭到經濟制裁。在這樣的狀況下，**「和德國締結軍事同盟，進攻南方（東南亞）」的主張在國內更加強烈**。於是到了一九四〇年九月，《日德義三國同盟條約》締結。

關鍵人物

希特勒（1889～1945）
奧地利出身的政治家。第二次世界大戰中，做為納粹黨魁統領德國。

貝尼托．墨索里尼（Benito Amilcare Andrea Mussolini）（1883～1945）
創立法西斯主義，在義大利建立一黨獨裁政權，實行十九年的獨裁政治。

近現代史祕辛

「別錯過巴士！」

一九三九年九月，第二次世界大戰爆發後，德國展露出強大的力量。約莫一個月的時間便壓制波蘭，荷蘭、比利時、法國也被擊破，隔年六月無血進入巴黎。緊接著又擊敗北非的英軍。眼見這勢如破竹的閃電戰，日本國內開始流行「別錯過巴士！」這句話，並在朝日新聞等報紙上大力宣傳。這句話的意思是「別錯過勝利的機會」，應該要和德國締結同盟的輿論在日本國內頓時高漲。

1940年的世界情勢　**美國進入戰時體制**：為強化國防實力，小羅斯福總統頒布科學家動員令，使許多科學家加入戰爭。

美國對日本展開經濟制裁

其實在日德義三國同盟成立以前，對於結盟與否，態度消極的海軍和積極的陸軍雙方意見分歧，形成對立。而當美國注意到《日德義三國防共協定》有將轉變成軍事同盟的跡象時，**美國立刻宣布放棄《美日修好通商條約》，導致陸軍結盟的意願增強**。之後，一九四〇年成立的近衛內閣與陸、海軍的代表者進行會談，決定轉換為締結同盟、執行南進的方針。看到日軍入侵法屬印度支那（譯註：包括寮國、柬埔寨、越南和中國廣州灣）、締結同盟等一連串動作，**美國對日本展開正式的經濟制裁，禁止出口汽油和鐵屑至日本**，而這成為日美對決的決定性因素。

為了調解惡化的美日關係，近衛內閣命令駐美大使野村吉三郎與美國進行交涉。但日本國內對南向政策的主張益發強烈，導致美國對日本愈來愈不信任，最後採取全面禁止石油出口至日本的制裁措施，於是日本和美國開戰的聲浪開始逐漸高漲。

簡明年表！

三國同盟締結的動向

用年表整理三國同盟締結的前後動向。觀察年表，即可看出日本是如何決定參戰的。

1936《日德防共協定》成立

1937《日德義三國防共協定》成立

1939 諾門罕戰役、簽訂《德蘇互不侵犯條約》
美國單方面廢止《美日修好通商條約》

1940 第二次近衛內閣成立
大政翼贊會成立（參見 150 頁）
基本國策大綱決定、締結日德義三國同盟
美國展開對日經濟制裁

1941 帝國國策遂行要領
日本向美、英宣戰

1943《大東亞共同宣言》發表

風俗習慣

一九四〇年左右的市民生活

從國家到國民推行卡其色的國民服色，接著又在東京市內到處樹立「浪費是敵人」的看板。市民的生活變得拮据，而國民也被做為兵力與勞動力聚集起來。

簡明圖解！

日德義三國同盟與國際關係

日德義三國同盟與包圍三國的英、美、荷，
與歐美列強、中國的關係如下圖。
日本很明顯被ABCD包圍網所包圍，
因此軍部宣傳這是不當壓迫，向國民訴求戰爭的必要性。

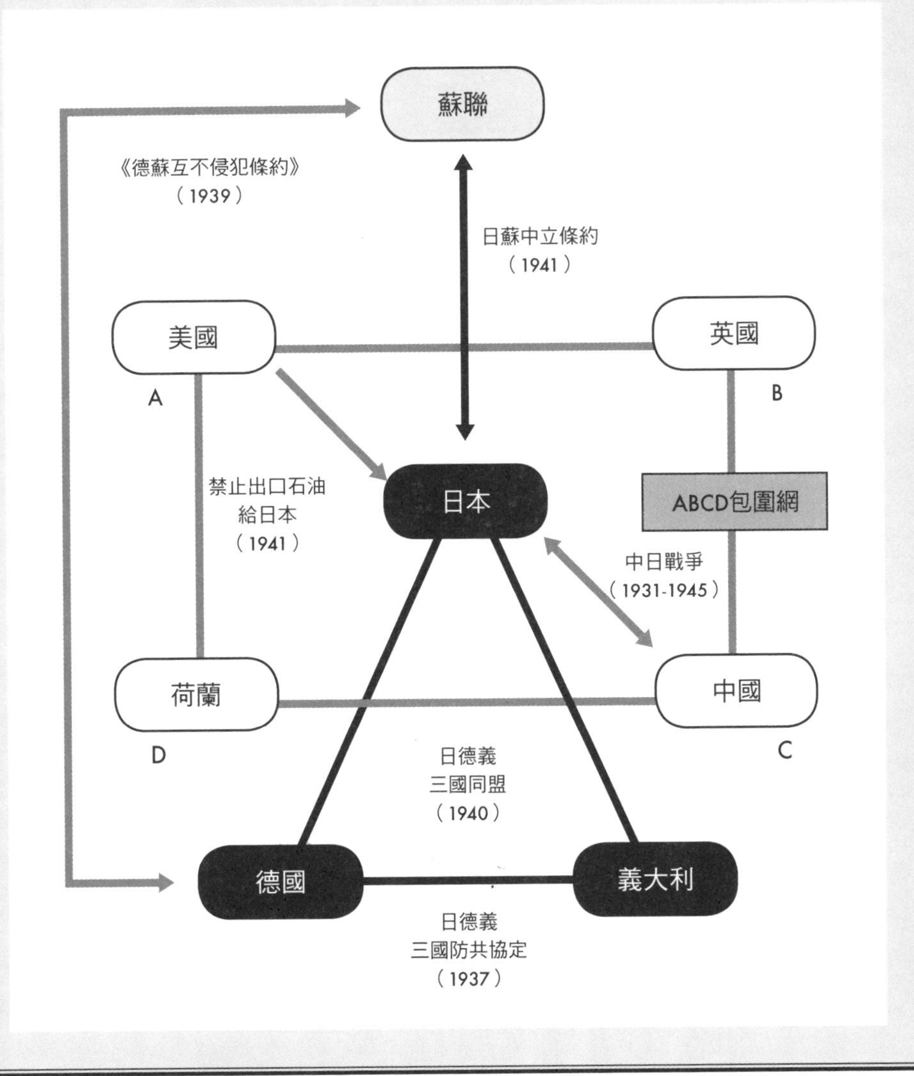

1938～1945

Historical Events 35

大東亞共榮圈
解放亞洲的偉大計畫

大東亞共榮圈！真是了不起的概念呢！
妳在說什麼呀？
哎呀，妳真不用功！
松岡洋右
妳沒聽到松岡大臣的演說嗎？

了不起的大東亞會議！
滿洲、中華民國、菲律賓、緬甸、泰國、印度……
各國以日本為首，聯手甩開白人的支配，一起邁向繁榮！

以日本為首？
對啊，就是八紘一宇※的精神！
能那麼順利嗎？
妳真是愛操心呢！
呵呵呵♪

事實上日本是將東南亞納入廣大的軍政底下。對此，不僅遭到各國民眾的反對，政府的目的其實也只是想獲得資源供給源，並不是真的為了「亞洲解放」。

相關主題

- 東亞外交
- 世界情勢

※即「世界大同」之意。戰爭時做為口號使用。

1850　明治　1900　1910　大正　1920　昭和　1930　1940　1950　1960　1970　1980　平成　1990　2000　2010

經濟因素是大東亞共榮圈構想的動機

所謂的「大東亞共榮圈」是以日本為中心，包含滿洲、中華民國、做為資源供給方的東南亞，以及國防要塞南太平洋，規劃為一大經濟圈。這一詞是由陸軍的岩畔豪雄與其後輩堀場一雄所提出的。

一九四〇年同盟國與德國的戰役中節節敗退。日本以此為契機和德國聯手進攻南方的荷蘭和法國殖民地，必須建立經濟圈的主張以陸軍為中心開始升溫。**進攻南方的目的是為了繼續打中日戰爭而要確保石油、橡膠、鋁土礦等資源。**

接受此計畫的同年，近衛文麿內閣的外務大臣松岡洋右，在廣播的演說中使用了「大東亞共榮圈」一詞，成為廣為流傳的流行語。

之後，一九四一年太平洋戰爭一開打，政府便向外國堂堂高舉「建設大東亞共榮圈」的旗號，**連同日本的特有主張「從歐美殖民地政策下讓亞洲解放獨立」**，成為進攻南方的藉口。

關鍵人物

松岡洋右（1880～1946）外交官、政治家。曾留學美國。曾任滿鐵總裁、外務大臣。戰後於軍事審判時病故。

岩畔豪雄（1897～1970）陸軍軍人。京都產業大學創立者之一。與堀場一雄提出「大東亞共榮圈」一詞。

簡明地圖！

大東亞共榮圈

日本的領土
樹立親日政權的地域
占領地
同盟圈
友好國

滿洲　朝鮮　日本　英屬緬甸　法屬印度支那　泰國　菲律賓　英屬印度　荷屬東印度　英屬馬來亞

上圖為 1943 年的大東亞共榮圈，觀察地圖即可看出日本大舉進攻東南亞。不僅如此，日本也計劃將澳洲與紐西蘭等含括在大東亞共榮圈的範圍裡。

1940年的世界情勢

德軍無血入巴黎：六月德軍全力攻擊法國，無血入城攻占巴黎。之後簽訂《第二次康比涅停戰協定（1940）》。

太平洋戰爭開始 從日本偷襲展開的無謀戰爭

相關主題

- 對美關係
- 東亞外交
- 世界情勢

可是
美國是大國吧？
沒問題嗎？
日本帝國軍也和
俄軍打過仗，
不需要擔心。
但那時有
英國幫助吧？
德國在之前的戰爭
也曾是敵人啊，
時代改變了。
在歐洲，
由德國率先開戰擴張領土，
（第二次世界大戰開始）
日本就是和那個德國
的希特勒聯手的。
納粹德國、義大利
和我們大日本帝國陸海軍
一定會打敗英美的！
我長大後
也要當軍人！
好，
很偉大！
這場對英美的戰役，
東條內閣命名為
大東亞戰爭，
而在戰後被稱為
太平洋戰爭。
……
之後許多國家加入戰爭，
演變成第二次世界大戰。
碰！
啊，被打敗了
哈哈哈

對日禁輸石油政策將日本逼到絕境

一九四〇年德國占領法國，第二次近衛文麿內閣便趁虛而入，讓日軍進駐法屬印度支那北部，對此美國展開經濟制裁。而為牽制美國，日本在一九四一年簽訂《日蘇互不侵犯條約》。據條約內容，由於已沒有來自北方的威脅，同年七月，政府入侵法屬印度支那南部。**於是美國立即全面禁止將石油出口給日本，這對日本是相當大的打擊。更何況日本當時的石油存量只剩半年分，若不能從美國進口石油，中日戰爭便無法繼續下去。**

對於美國的制裁，英國和荷蘭也同步跟上。接著連中國也加入，為了甩開「ABCD經濟包圍網」（美國America、英國Britain、中國Chinese、荷蘭Dutch），軍部主張開戰（參見157頁）

然而，當時日本與美國的國力差距在GNP（國民生產總值）上是十倍到二十倍程度的差異，也有與美國的戰爭根本是有勇無謀的批判。

關鍵人物

野村吉三郎（1877～1964）
海軍軍人、政治家，以國際法權威聞名，為阿部內閣的外務大臣。之後被任命為駐美大使。

科德爾·赫爾（Cordell Hull）（1871～1955）
美國的政治家。任職羅斯福政權的國務卿。一九四五年榮獲諾貝爾和平獎。

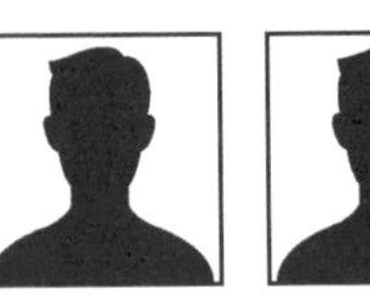

東條英機（1884～1948）
第四十任內閣總理大臣。出任首相時，受天皇避免開戰的直接指示，竭力迴避與美國的衝突。

簡明圖解！

日本與美英的海軍戰力呢？

比較一九四一年開戰時美日設置在太平洋的海軍戰力。從圖表可知，日本占了相當的優勢，不過這是由於當初美國是以擊敗德國為優先，所以有控制部署在太平洋方面的軍力。

	日本	美國	英國
航空母艦	8	3	0
戰艦、戰鬥巡洋艦	11	9	2
驅逐艦	129	80	13
潛艇	67	56	0
重巡洋艦	18	13	1
輕巡洋艦	23	11	7

松村劭《新・戰爭學》文藝春秋 P49

1850 明治 1900 1910 大正 1920 昭和 1930 1940 1950 1960 1970 1980 平成 1990 2000 2010

政府為避免開戰而奔走

日本政府在實施南進政策的同時，為避免開戰而和美國進行交涉。交涉從一九四〇年底由民間開始，之後發展成由野村吉三郎駐美大使與科德爾·赫爾國務卿代表政府談判。然而在一九四一年九月的御前會議中，決定十月上旬之前談判若沒有進展就開戰的方針。

對此，無論如何都想避免開戰的近衛，雖然和駐日美國大使約瑟·格魯（Joseph Clark Grew）進行祕密會談，表達希望能早日進行美日首腦會談的訴求，但因為被美方拒絕而使談判無疾而終，最後期限到期，內閣總辭下台。接著選出東條英機為繼任首相。**同年十一月美國以強硬的態度向日本提出《赫爾備忘錄（Hull Note）》，於是日本在十二月一日的御前會議上，決定與美國、英國開戰。御前會議通過「十二月初開戰」的帝國國策遂行要領**，正式開始進行與美英荷的戰爭準備。

接著在十二月八日，日本陸軍登陸馬來半島、海軍突襲夏威夷珍珠港。同日，日本向英美宣戰，終於爆發太平洋戰爭。

近現代史祕辛

使日本決定開戰的《赫爾備忘錄》

美日二國為了迴避戰爭而進行交涉，但最後導致談判破裂的是美國國務卿科德爾·赫爾向日本提出的嚴苛條件。其條件是否定滿洲國，全面退出中國大陸、法屬印度支那，以及解除三國同盟的強硬要求，政府根本不可能同意。此次的交涉案被交到野村大使們手上，稱為《赫爾備忘錄》。日方視此案為「最後通牒」，因而決意開戰。

風俗習慣

醉心於納粹德國的日本人

締結三國同盟之後，海軍的三本五十六指出「日本人醉心於納粹德國，但希特勒的著作《我的奮鬥》中提到有色人種是劣等人種」。從這個「醉心」一詞可看出當時日本國民對德國有多麼狂熱崇拜。其實《我的奮鬥》的日譯書刪掉了這部分，所以當時的人們並不曉得這內容。

1941年的世界情勢

英蘇入侵伊朗：1941 年 8 月到 9 月，英國與蘇聯入侵伊朗。這是英國為確保油田安全以及蘇聯為確保原油供給無虞而進行的軍事行動。

戰局的變遷①百戰百勝的日本海軍

我們大日本帝國正以破竹之勢攻向南方。
被譽為馬來之虎的山下中將閣下太厲害了！
山下奉文

日本高舉著大東亞共榮圈、從白人支配下解放的名義，實際目的是想從東南亞獲得資源。
一九四二年時的日本領地

我也想去拉包爾看看哪。
這狀態要是能持續下去的話是還好…

喂喂，你是「非國民」※吧！
啊哈哈哈
別去通報啊！

相關主題

- 對美關係
- 世界情勢

※ 譯註：即日奸，指違反政府方針思想的人

亞洲地區的同盟國艦隊被全數殲滅

一九四一年十二月八日的突襲作戰全數成功。**日本登陸英屬馬來半島，偷襲珍珠港擊沉四艘美國戰艦，海陸皆成功壓制。**日本國民對此戰果狂喜不已。

隔年也開始攻擊荷蘭的殖民地婆羅洲、爪哇島、蘇門答臘。同年二月在望加錫海峽戰役（Battle of Makassar Strait）、爪哇海戰役（Battle of the Java Sea）中擊破同盟國海軍，隔天也打贏巽他海峽戰役（Battle of Sunda Strait），**亞洲地區的同盟國艦隊也幾乎殲滅**，之後日軍在菲律賓、香港、緬甸、新加坡也大獲全勝，占領太平洋、東南亞廣大的地域。於是在戰爭初期，日軍到一九四二年左右為止百戰百勝。

然而美國也正式展開對日的反攻作戰，四月美軍用B-25B轟炸機空襲日本本土（杜立德空襲（Doolittle Raid））。東京、神奈川、愛知、三重、兵庫的市街突然遭到空襲，對國民造成極大的衝擊。

關鍵人物

山本五十六（1884～1943）
海軍軍人。為第二十六、二十七任聯合艦隊司令長官，採取反對與同盟國開戰的立場。

大西瀧治郎（1891～1945）
海軍中將，為神風特攻隊的創始者。開戰時參加菲律賓戰役，於戰敗時自決身亡。

簡明年表！

在亞洲的日軍動向

以下是整理珍珠港事件後的兩個月間的日軍動向。一開始日軍連戰連勝壓制同盟國軍。

1941（12月8日）
攻擊珍珠港
向英美宣戰
香港、菲律賓戰役開始

1941（12月10日）
馬來亞海戰
日軍登陸呂宋島

1941（12月12日）
鎮壓香港九龍市。英國撤退

1941（12月20日）
日軍登陸菲律賓民答那峨島

1941（12月23日）
壓制威克島

1941（12月25日）
壓制香港島。英軍投降

1942（1月2日）
占領呂宋島馬尼拉

1942（1月11日）
占據馬來半島的吉隆坡
日軍向荷蘭宣戰

1942（1月23日）
壓制新不列顛島的拉包爾

1942（1月31日）
開始侵略緬甸

1941年的世界情勢　**入侵南斯拉夫之戰：**軸心國以納粹德國、義大利為首入侵南斯拉夫。此戰僅十天就壓制南斯拉夫全土。

戰局的變遷②
逆轉戰局的中途島海戰

中途島海戰

可說是分水嶺之一的海戰，美軍大敗日軍。

在瓜達康納爾島上美國壓倒性的兵力與物資面前，日方部隊被逐一殲滅。

好不容易生存下來的人也因補給品用盡，因飢餓與疾病而倒下。

到此為止了嗎……

想再看女兒一眼……

媽媽，爸爸什麼時候回來？
日本連戰連勝，一定很快就會回來的！

日本政府並未讓國民了解詳細的戰況。

相關主題

- 對美關係
- 世界情勢

明治 1850 1900 1910 大正 1920 昭和 1930 1940 1950 1960 1970 1980 1990 平成 2000 2010

占領地掀起抗日運動

一九四二年六月的中途島海戰（Battle of Midway）使日軍原本的絕對優勢出現變化。在此戰役中日軍因四艘主力航空母艦遭美軍擊沉而大受打擊。

到了一九四三年，同盟國的攻擊益發激烈。二月時日軍撤離瓜達康納爾島；四月，海軍聯合艦隊司令長官山本五十六在南太平洋戰死；五月在阿圖島的守備隊全滅。面對這樣的戰況，政府不得不改變作戰的方向，九月時，決定將防衛線退到小笠原、千島、馬里亞納群島、加羅林群島與西新幾內亞。另一方面在十一月，日本政府召集滿洲國、泰國、緬甸與菲律賓的代表人在東京召開「大東亞會議」，再次重申要從殖民支配中自主獨立。**然而日本的占領政策是奪取當地的物資與強制人民勞動，引起當地居民反感，各地掀起抗日運動。**而在一九四四年七月，馬里亞納群島的塞班島被攻陷，東條英機內閣負起責任辭職下台。此時的日本已被逼上絕路。

關鍵人物

何塞・勞雷爾（José Laurel）（1891～1959）
日軍扶植的菲律賓共和國第三任總統。太平洋戰爭爆發後全力協助日本。

東條英機（1884～1948）
戰況緊張後開始與軍部對立。雖然任內曾發生倒閣運動，但東條憑藉憲兵隊的力量壓下倒閣運動。

小磯國昭（1880～1950）
陸軍大將。於一九四四年，在東條英機因塞班島陷落而辭職後繼任為內閣總理大臣。

近現代史祕辛

為何日本會趨於劣勢？

日軍偷襲珍珠港時，美國的航空母艦全都不在港灣內，所以一艘都沒有擊中，且又未發動第三波攻擊，並未破壞美軍的燃料庫和港灣設施。此次作戰的失算導致美軍出動航空母艦，造成日本在中途島海戰中落敗以及本土遭轟炸。此外，戰域擴大、戰爭期間比預料得長也是原因之一，這些都導致嚴重的兵力與物資不足。

1943年的世界情勢　**漢堡大轟炸**：美英兩國的空軍多次空襲轟炸德國漢堡。又名蛾摩拉行動（Operation Gomorrah），造成上萬名平民犧牲。

戰時文化
有票券卻換不到物資的戰時生活

我說妳啊，這種時候燙頭髮很不恰當哦！
抱歉……

鼓勵人民穿國民服，對電影、音樂與文學等藝術文化加以管制或干涉。

你頭髮也太長了！
這樣也算日本男兒嗎！
鄰組的大嬸好可怕呀。

在《中央公論》上連載的谷崎潤一郎〈細雪〉※因感受不到戰爭的氛圍而遭到禁刊。
谷崎自行繼續創作，在戰後出版。

一九四四年都市區的孩子們為躲避空襲而被送往鄉下（學童疏散）
物資與食糧不足問題仍然持續。

相關主題

- 社會問題
- 文化

※為描述住在關西的上流四姐妹在戰爭下失去美好生活的作品。

東京開始行駛木炭火車

到了一九三〇年代後半，由於中日戰爭與英美對日經濟制裁的影響，庶民的生活愈來愈困苦。

由於石油等的燃料不足，東京開始行駛木炭車。而料亭（譯註：高級日本料理餐廳）的營業時間限制到深夜十二點，舞廳則是被全面禁止。

一九四〇年以後，食糧不足的問題更加嚴重，飯館、餐廳被禁止提供米飯。此外還推行憑票制和配給制度，但戰爭拖長，出現有票卻沒有東西的狀況。在米的配給上，也改為增加馬鈴薯、麵粉的比例，所以這段期間營養失調的人很多。

並且，一九四〇年的美國禁止對日出口，日本國內物資不足的情形更加惡化，甚至在一九四三年將銀座的路燈完全撤掉做為鐵使用。這時期的庶民娛樂是廣播上的演藝（譯註：指落語、漫才等大眾表演藝術）、運動轉播、連續劇等。然而隨著戰爭的進行，大本營發表次數增加，音樂大多是播放軍歌。

關鍵人物

鈴木貫太郎（1867～1948）
海軍軍人、政治家。第四十二任內閣總理大臣。不顧陸軍的反對，將太平洋戰爭導向結束。

堤康次郎（1889～1964）
實業家。滋賀縣選出的眾議院議員。西武集團創業者。空襲時，入手大量的東京土地。

谷崎潤一郎（1886～1965）
小說家。戰時於雜誌上連載〈細雪〉，然而由於內容平和安逸，不符合戰時氣氛而被國家中止連載。

近現代史祕辛

物資不足的戰時中也有人能大賺一筆？

戰時，都市地區食糧等物資不足的問題日益嚴重，但也有人反而利用這一點販賣香蕉乾而大撈一筆。畢竟對有門路的人來說危機就是轉機。此外，西武集團的創業者堤康次郎在東京大轟炸的期間，在自宅的地下壕溝牽電話線，緊接著進行購入不動產的交涉，將沒有地主的土地一一廉價收購。

1944年的世界情勢　**解放巴黎：**同盟國軍隊進軍德國占領下的巴黎。戰事由 8 月 19 日打到 8 月 25 日，最後由同盟國方獲勝。

戰爭結束
軸心國中戰到最後一刻的日本

日本局勢持續惡化。

沖繩島戰役敗北。

廣島、長崎被投下原子彈。

一九四五年八月十四日接受《波茨坦宣言》。

九月二日在東京灣上的美國密蘇里號戰艦舉行無條件投降並簽署降書的儀式。

日方代表是重光葵外相與參謀總長梅津美治郎陸軍大將。

相關主題

- 對美關係
- 世界情勢

※ 譯註：原文為「願わくは　御国の末の　栄え行き　我が名さけすむ　人の多きを」

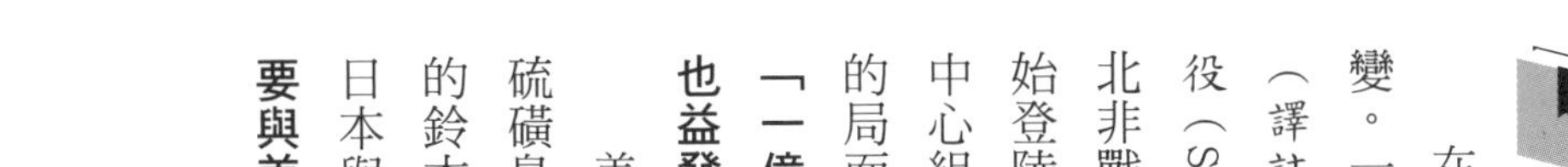

日本戰敗已是時間問題

在歐洲，原本對軸心國有利的戰況卻在一九四三年完全改變。一九四二年十一月，占領伏爾加格勒的德軍遭蘇聯軍包圍（譯註：伏爾加格勒原名為史達林格勒，此役為史達林格勒戰役（Schlacht von Stalingrad）），吃下歷史性的敗戰。而在北非戰線，同盟國方對德軍與義軍獲得壓倒性的勝利。九月開始登陸義大利本土，義大利終於投降。一九四四年以美英軍為中心組成的同盟國軍隊成功登陸諾曼第，使德國陷入屢戰屢敗的局面。**另一方面，在一九四四年塞班島淪陷後，日本仍高喊「一億國民玉碎」的口號堅持繼續戰爭，但美軍對本土的轟炸也益發激烈，戰敗已是時間問題。**

美軍在一九四四年十月登陸菲律賓。一九四五年二月進攻硫磺島，同年四月進攻沖繩本島。當時被選為小磯國昭繼任者的鈴木貫太郎首相，希望仍未在戰場上交手的蘇聯能出面調停日本與同盟國間的戰爭。**然而，即便已在這當口，軍部仍懷著要與美軍進行「本土決戰」的想法。**

關鍵人物

邱吉爾（Winston Churchill）（1874～1965）
英國的政治家、軍人。一九四〇年擔任首相，到一九四五年為止都主導著戰爭。

史達林（Joseph Stalin）（1879～1953）
蘇聯的軍人、政治家。為蘇聯第二代最高指導者，規劃設立「華沙公約組織（Warsaw Treaty Organization）」開始冷戰。

小羅斯福（Franklin Delano Roosevelt）（1882～1945）
美國的政治家。民主黨出身的第三十二任總統。主導第二次世界大戰，在戰爭即將結束時因病過世。

簡明地圖！

第二次世界大戰中的歐洲戰況

同盟國／中立國／軸心國／軸心國的最大支配地與占領地／同盟國的反擊

1943 年以後，同盟國方開始反攻，軸心國被逼得走投無路。
※ 曾被軸心國暫時統治的同盟國家

1945年的世界情勢　**朝鮮南北分治：**由麥克阿瑟元帥發表以北緯三十八度線為分界，由美國與蘇聯分別支配南北朝鮮。

蘇聯無視中立條約攻擊日本

一九四五年二月在蘇聯領地的雅爾達，由美國總統羅斯福、英國首相邱吉爾、蘇聯最高領導人史達林進行會談（雅爾達會議）。會議上秘密決定蘇聯也將對日宣戰，而日本政府則絲毫未察覺。

一九四五年五月德國終於無條件投降。七月時，對於軸心國中唯一仍持續戰爭的日本，美英與中國國民政府提出《波茨坦宣言》（Potsdam Declaration），要求日本無條件投降。鈴木內閣卻公開表示對該要求不予理會，而將希望寄託在能居中調停的蘇聯。聽到鈴木如此回應的美國在八月六日於廣島、九日於長崎投下原子彈。核爆對日本全土皆造成衝擊。廣島受害兩天後，這次換蘇聯軍向日本宣戰，進攻滿洲國，此時仍在《日蘇中立條約》的期限內。

即便如此陸軍仍主張要「本土決戰」，但昭和天皇的聖斷裁示接受《波茨坦宣言》，並在八月十四日告知同盟國方日本無條件投降。

近現代史祕辛

陸軍揉爛蘇聯密約情報

雅爾達會議中訂下對日開戰的密約，其實在會議之後情報馬上就傳到日本人手上，而那人就是陸軍大佐小野寺信。小野寺信當時在瑞典的斯德哥爾摩進行諜報活動，收到波蘭情報軍官傳來的情報後，立刻用暗號傳到日本參謀本部「蘇聯將在德國投降三個月後攻打日本」。但這情報紙卻被陸軍參謀本部的高官捏爛，政府完全沒收到。雖不知高官的用意為何，但若情報有傳到的話，日本應該就會改變對蘇聯的應對，並做好防禦準備吧。

風俗習慣

對天皇的聲音感到訝異的日本人

天皇親口錄音（玉音），在一九四五年八月十五日正中午用廣播播放「玉音放送」。幾乎所有國民都是第一次聽到昭和天皇的聲音，也有人對聽到天皇的聲音大感訝異，不亞於聽到日本投降的衝擊。

＼簡明地圖！／

太平洋戰爭的侵略圖

以下的地圖是太平洋戰爭中日軍與同盟軍的進攻路線。
日本雖然在珍珠港事件以來都連戰連勝，卻自中途島海戰後轉為劣勢。

一看就懂

第4章 總結

進入一九三〇年代，政黨與財閥的腐敗事件頻傳，企圖透過恐攻等直接行動來改造國家的氛圍高漲。在這樣的情況下，軍部強化政治上的發言影響力，和德國、義大利組成軸心陣營。再來是發展成中日戰爭、太平洋戰爭，而後戰局持續惡化，最後無條件投降。

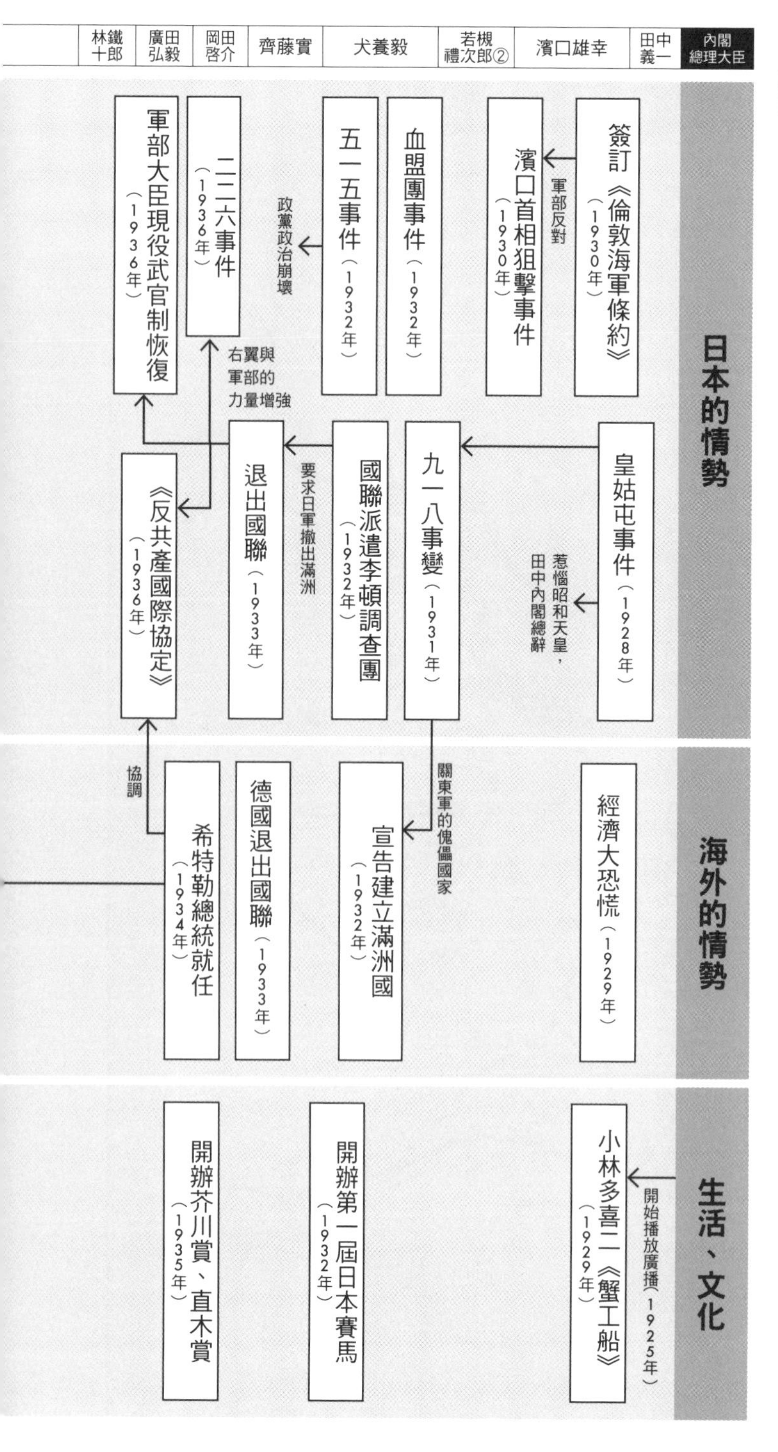

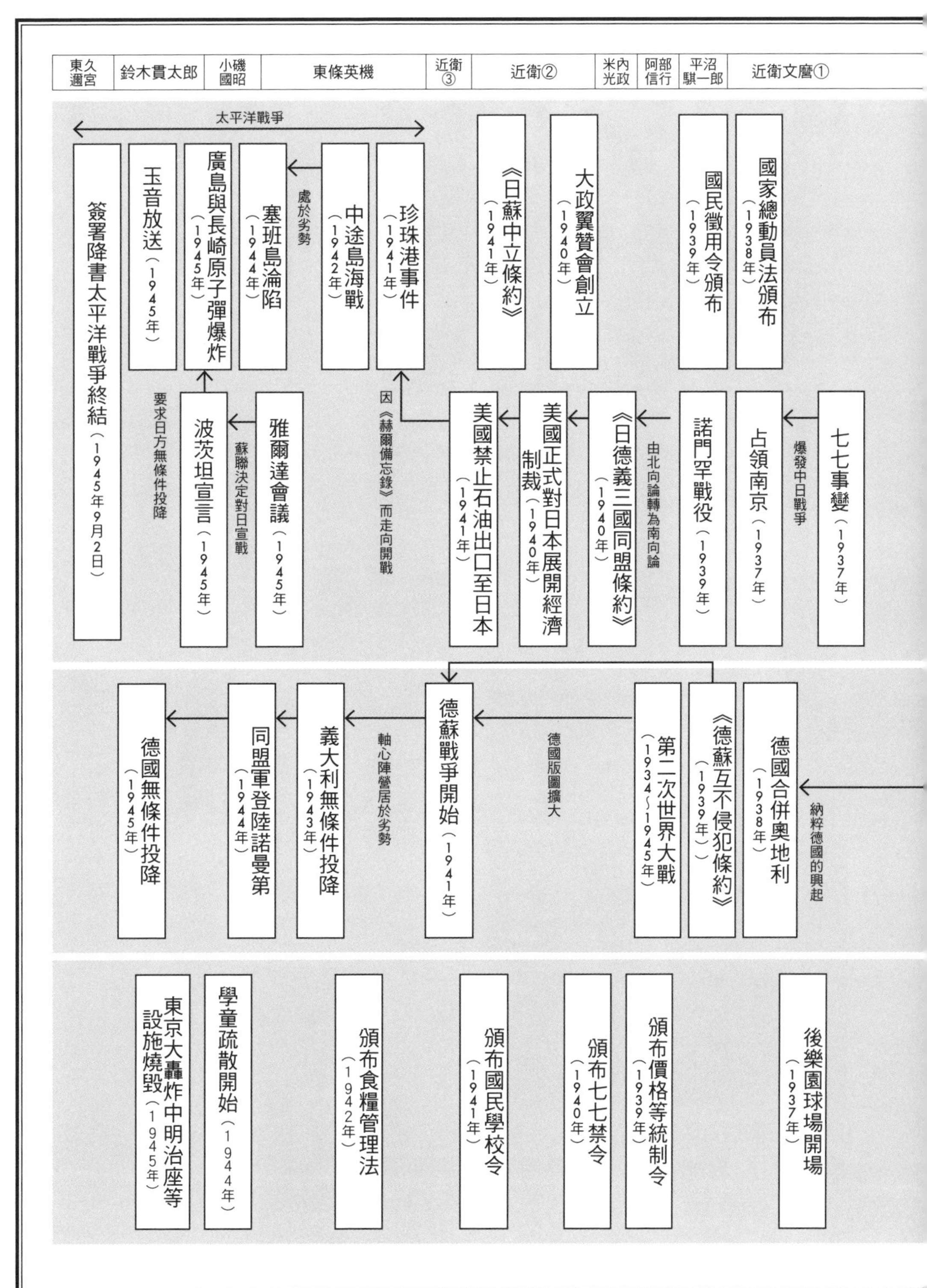
近衛文麿①
平沼騏一郎
阿部信行
米內光政
近衛②
近衛③
東條英機
小磯國昭
鈴木貫太郎
東久邇宮
國家總動員法頒布（1938年）
國民徵用令頒布（1939年）
大政翼贊會創立（1940年）
《日蘇中立條約》（1941年）
太平洋戰爭
珍珠港事件（1941年）
中途島海戰（1942年）
處於劣勢
塞班島淪陷（1944年）
廣島與長崎原子彈爆炸（1945年）
玉音放送（1945年）
簽署降書太平洋戰爭終結（1945年9月2日）
七七事變（1937年）
爆發中日戰爭
占領南京（1937年）
諾門罕戰役（1939年）
由北向論轉為南向論
《日德義三國同盟條約》（1940年）
美國正式對日本展開經濟制裁（1940年）
美國禁止石油出口至日本（1941年）
因《赫爾備忘錄》而走向開戰
雅爾達會議（1945年）
蘇聯決定對日宣戰
波茨坦宣言（1945年）
要求日方無條件投降
納粹德國的興起
德國合併奧地利（1938年）
《德蘇互不侵犯條約》（1939年）
第二次世界大戰（1934～1945年）
德國版圖擴大
德蘇戰爭開始（1941年）
軸心陣營居於劣勢
義大利無條件投降（1943年）
同盟軍登陸諾曼第（1944年）
德國無條件投降（1945年）
後樂園球場開場（1937年）
頒布價格等統制令（1939年）
頒布七七禁令（1940年）
頒布國民學校令（1941年）
頒布食糧管理法（1942年）
學童疏散開始（1944年）
東京大轟炸中明治座等設施燒毀（1945年）

看史料懂更多

戰爭的時代

因為對政黨政治感到失望，轉而對軍部懷抱期待。漸漸地戰爭氛圍日益濃厚，最後終於爆發中日戰爭與太平洋戰爭。

李頓調查團

為調查九一八事變與滿洲國的實況所派遣的調查團。報告書中明記不承認滿洲國為國家，但在另一方面也有考量到日本立場的描述。

二二六事件

陸軍的皇道派青年軍官發動政變，齋藤實與高橋是清等人遭到暗殺。叛亂很快就被鎮壓，以此事件為契機，陸軍統制派逐漸掌握政治的主權。照片是叛亂發生後的半藏門。

東條英機內閣成立

近衛文麿下台，陸軍軍人東條英機就任首相。戰後，東條因「非法攻擊珍珠港，奪走大批美國人性命」罪行被處以絞刑。

進入戰時體制

為了提高國民的戰意，高舉著「戰勝之前，別無所求」、「浪費是敵人」等口號。物資也用憑票制、配給制，強迫國民過著樸素艱苦的生活。

珍珠港事件

1941 年 12 月 8 日，日本空軍偷襲夏威夷珍珠港，而點燃太平洋戰爭導火線。照片是著火的美國戰艦「亞利桑那號（Arizona）」。

投下原子彈

1945 年 8 月 6 日在廣島、9 日在長崎分別投下原子彈。照片是被投下原子彈的廣島所產生的巨大蕈狀雲濃煙。因核爆而死亡的人數達二十萬人以上。

東京大轟炸

1945 年 3 月 10 日的空襲中，下町地區遭到毀滅性的破壞，超過十萬人喪命。照片是化為焦土的東京，右邊為隅田川。

太平洋戰爭的結束

1945 年 9 月 2 日，日本在密蘇里號戰艦上簽署降書的投降儀式。在中間簽名的是重光葵外務大臣。因為這次的簽署，長達三年以上的太平洋戰爭正式劃下終止符。

第5章 戰後與復興

1945年 美國開始對日實施占領政策
GHQ提出五大改革指令

1946年 遠東國際軍事法庭創立
公布日本國憲法

冷戰爆發 促使日本經濟復甦

日本戰敗後被美國占領，美國為避免和日本再度發動戰爭而實施解散軍隊、制定日本國憲法，以及財閥解體等的各種民主化政策。

這時候的日本發生惡性通貨膨脹，人們因食糧不足問題而苦不堪言，此時

大規模的飯米獲得人民大會召開

1948年 GHQ推行經濟安定九原則

1950年 爆發韓戰。日本掀起特需景氣

1951年 締結《舊金山和約》締結《美日安保條約》

1955年 自由民主黨成立。五五年體制開始 進入高度經濟成長期

1956年 日本加入聯合國

1960年 簽訂《新美日安保條約》安保鬥爭激烈化

1965年 越戰正式展開 名神高速公路全線開通

1972年 沖繩回歸日本

1973年 第一次石油危機

的社會運動也益發激烈。GHQ（駐日盟軍總司令）起初雖鼓勵勞工運動，後來卻轉而進行壓制。

一九四〇年代後半，以美國為中心的西方陣營，與以蘇聯為中心的東方陣營對立日趨緊張，陷入「冷戰（Cold War）」狀態。美國為了讓日本成為西方的防火牆，開始推動日本經濟自立政策，然而經濟卻一直無法好轉，直到因韓戰帶來的特需景氣，經濟才恢復到戰前狀態，之後便進入經濟成長期。

這時期日本達到年增率百分之十的驚人經濟成長。此外，與美國之間由於締結《美日安全保障條約》（安保條約），關係更加緊密。政治方面，日本在一九五五年成立的自由民主黨的執政下，政權安定了將近四十年。

占領
動搖日本根基的GHQ政策

一九四五年戰爭結束後的日本為執行波茨坦宣言而設置GHQ。

從今以後日本政府要聽命於GHQ。

麥克阿瑟

GHQ以間接統治的形式對日本政府下達指示，

逐一實施解散日本軍力與民主化政策。

戰敗的創傷加上被占領後的環境變化，人們雖陷入混亂，

占領軍的士兵們大搖大擺地在街上走……

但也逐漸習慣這樣的改變。

光甲級戰犯嫌疑人就有大約一百人，其中二十八人遭起訴，並被判處死刑或無期徒刑。

在一九四六年，戰爭罪犯與軍人等站在指導立場的戰爭協助者因「公職放逐令」而被解除公職，許多人被趕出職場。

在占領結束後的一九五〇年開始解除這項放逐令。

相關主題

- 政治
- 對美關係

日本受美國支配

戰爭結束後，日本根據《波茨坦宣言》內容被聯合國占領。**但不同於被四國分治的德國，日本僅受到美軍的單獨占領**。美國迅速地在東京設置駐日盟軍總司令部（GHQ），並派麥克阿瑟將軍為總司令，開始對日本下達指令。然而，統治的最高機關其實並非GHQ，而是位於華盛頓的遠東委員會，日本事實上是受到美國政府的直接支配。

戰後第一任內閣是由東久邇宮稔彥為首相的皇族內閣。因**GHQ並未等法律制定好，便依波茨坦內容要求日本進行改革，這對政府而言實在難以接受**。改革內容中「治安維持法」、「廢止特高警察」等制度上的改革還好，但其中也包含「釋放政治犯」、「獎勵關於天皇的言論自由」等動搖日本根基的內容，因此政府與占領政策產生對立，最後只上任五十四天便總辭下台。

關鍵人物

道格拉斯・麥克阿瑟（Douglas MacArthur）
（1880～1964）
美國陸軍元帥，戰後擔任駐日盟軍總司令。在韓戰中擔任聯合國軍總司令。

東久邇宮稔彥
（1887～1990）
久邇宮朝彥親王的第九個兒子。創立新的宮家東久邇宮。戰時為陸軍大將，戰後以皇族身分組織首任內閣。

簡明圖表！

聯合國統治日本的組織

對日理事會被設置做為GHQ的諮詢機關，但由於麥克阿瑟從未諮詢過，其實形同虛設。

遠東委員會（華盛頓）
美國、英國、中國、蘇聯、法國、荷蘭、奧地利、加拿大、紐西蘭、印度、菲律賓

→ 美國政府 → GHQ（駐日盟軍總司令部）→ 日本政府 → 日本國民

遠東委員會 —諮詢→ 對日理事會
GHQ —諮詢→ 對日理事會
對日理事會：沒有實質功能

1945年的世界情勢

越南民主共和國成立：日本的戰敗已是時間問題後，胡志明率領的越南獨立同盟會掌控了越南全土。九月二日建立越南民主共和國。

民主化政策
對日本政府下達五大改革指令

為改善低薪等守護勞動者權利的「勞動改革」

制定勞動三法保障勞工的薪資與立場。

薪水上漲，東西在國內就賣得出去，或許就能消除一項侵略海外的理由。

勞動關係調整法

勞動基準法

勞動組合法

就這樣進行各式各樣的改革，改善了日本的生活。

相關主題

- 政治
- 對美關係
- 憲法

GHQ特別重視財閥解體政策

東久邇宮內閣總辭後，成立以幣原喜重郎為首相的親美派內閣。麥克阿瑟對幣原下達五大改革指令**「婦人的解放」**、**「工會的組成」**、**「教育的自由化」**、**「各種壓制性制度的廢除」**、**「經濟的民主化」**。於是，幣原內閣與下任的第一次吉田茂內閣遵照指令，逐一推行民主化。

GHQ尤其重視「經濟的民主化」。他們認為財閥是兵器生產的中心，會成為軍國主義的溫床，因而制定《過度經濟力集中排除法》，於是三井、住友、三菱等十五個財閥被一一解體。投資財閥的大地主也成為民主化的對象，推行農地改革將農民從高額的佃租解放，也廢除地主制度。與此同時特高警察與治安維持法也被廢除，且將戰爭協力者從政府機構等公職中驅離。東條英機前首相等人以甲級戰犯身分在遠東國際軍事法庭接受審判。

另一方面，賦予女性參政權、為勞動者制定勞動三法等，國民的權利增加。在教育上，制定教育基本法、學校教育法，執行六、三、三、四的新學制。

關鍵人物

幣原喜重郎（1872～1951）
曾任日本外相、駐美大使。做為立憲民政黨內閣進行協調外交，一九四五年就任首相。

寺崎英成（1900～1951）
外交官。任職於日本大使館。為天皇的翻譯官、顧問。記錄《昭和天皇獨白錄》。

雷蒙．科雷姆（Raymond C. Kramer）（1906～1957）
美國軍人。GHQ首任經濟科學局局長。實施「財閥解體」，解散三井、三菱、住友、安田的四大財閥。

簡明圖解！

戰前與戰後的學制比較

戰前的義務教育只有一般小學。戰後的義務教育改為小學和中學。

※一例

（歲） 24 22 20 18 16 14 12 10 8 6

戰前：一般小學（國民學校初等科）、高等科、青年學校、國中、高中、預科、專門學校、大學、研究所

戰後：小學、國中、高中、大學、研究所

1948年的世界情勢　**義大利共和國成立**：在義大利進行國民投票，廢除君主制並成立義大利共和國。首任總統由恩里科．德尼科拉（Enrico De Nicola）出任。

政黨的成立與復活 被GHQ認可的中道內閣

隔年舉行戰後的第一次眾議院議員總選舉，

結果由日本自由黨成為第一大黨。

取代被公職放逐的鳩山一郎，吉田茂被選為總裁。

之後政黨一再地合流、解散，漸漸形成現在的樣子。

於是在一九五五年日本民主黨與自由黨合併，自由民主黨就此誕生。

相關主題

- 政治
- 對美關係

受GHQ好評的中道路線政治

因民主化政策的實施，已解散的政黨紛紛再度復活。日本共產黨的德田球一等人被釋放，也被承認是合法的政黨。接著是誕生了集結舊無產政黨的日本社會黨、舊立憲政友會體系但反翼贊體制的日本自由黨、舊立憲民政黨體系且以擔任翼贊體制議員為中心所組成的日本進步黨（日後的民主黨）、標榜勞資協調的日本協同黨（日後的國民協同黨）等。另一方面，GHQ對戰爭協助者則非常嚴格。**一九四六年發出「公職放逐令」，將翼贊選舉**（譯註：成立大政翼贊會之後的選舉稱之「翼贊選舉」）**的推薦議員，以及造成軍部失控暴走的鳩山一郎等人從政界驅逐。**

同年四月舉行戰後的第一次總選舉，日本自由黨成為第一大黨。由親英美派的吉田茂代替受到公職放逐處分的鳩山擔任黨主席，組織第一次吉田內閣，但該政權壽命短暫，很快就告終。一九四七年舉行眾參兩院議員選舉時，日本社會黨成為眾議院的第一大黨。選出的領袖是委員長片山哲，與民主黨、國民協同黨建立聯立內閣。**GHQ稱此政權為「中道路線內閣」**（譯註：中道內閣即非保守派也非革新派，採中立立場的內閣）**，給予高度的評價。**

關鍵人物

德田球一（1894～1953）
律師、政治家。從戰前的非合法政黨時代起一直到戰後初期，為日本共產黨代表性的活動者。

吉田茂（1878～1967）
戰前是外交官。為日本自由黨、民主自由黨、自由黨總裁。掌握一九四六至一九五四年共七年的政權。

片山哲（1887～1978）
律師。一九三〇年起成為無產政黨議員。促成日本社會黨的創立，一九四七年組織片山內閣。

風俗習慣

復活的政黨與特質

	日本進步黨	日本自由黨	日本協同黨	日本社會黨	日本共產黨
立場	保守	保守	中道	革新	革新
領袖	町田忠治	鳩山一郎	山本實彥	片山哲	德田球一
特質	舊立憲民政黨，曾為施行翼贊體制的大日本政治體。	舊立憲政友會，由過去反對翼贊體制的非合作性議員組成。	中間保守政黨。以農林、中小商工業者為中心。	以社會民主主義為目標。統合舊無產政黨的右派、中間派。	以訴求反戰的政治犯身分被逮捕的德田，在出獄後組織的合法政黨。

1850　明治　1900　1910　大正　1920　昭和　1930　1940　1950　1960　1970　1980　平成　1990　2000　2010

1947年的世界情勢

馬歇爾計畫（The Marshall Plan）發表：美國的國務卿喬治．馬歇爾（George Marshall）提出協助歐洲各國戰後復興重建的「馬歇爾計畫」。

日本國憲法
僅花費一週就制定好的憲法

接受《波茨坦宣言》的日本政府被下令修改大日本帝國憲法。

《波茨坦宣言》中
・排除軍國主義
・民主主義
・尊重基本人權
明示了這些內容。

幣原內閣任松本烝治為委員長，成立憲法問題調查委員會。

反對將主權從天皇移到國民身上！

那就將我們制定的修憲案向GHQ提出吧。

松本國務大臣

於是便向GHQ提出「松本案」，

然而……

……這是怎麼回事！

每日新

憲法改

相關主題

- 憲法
- 對美關係

松本案在提交給GHQ之前，就以獨家新聞登在每日新聞報上。內容是這樣寫：
依原規定，維持天皇主權軍事制度繼續存在臣民的權利依照法律規定等等
換言之，內容和原本的大日本帝國憲法幾乎沒有改變。
每日新聞
憲法改正
《波茨坦宣言》上明明寫了修改內容，意思是不想改嗎！
日本人無法制定出民主的憲法。
於是由GHQ民政局擬定草案，
CONSTITUTION OF JAPAN
・基於憲法，天皇為元首，但主權在民
・放棄戰爭
・廢止封建制度
這些被稱為「麥克阿瑟三原則（備忘錄）」，GHQ民政局基於該內容草擬「日本國憲法」草案。
憲法要像這樣修正！
啪！
由於憲法是這樣完成的，也被揶揄是「被強迫的憲法」。在戰後七十年的現在，主張修憲的議論或許還仍然存在…

日本憲法是由GHQ擬定

一九四五年GHQ要求幣原內閣修憲。幣原首相任命松本烝治國務大臣為委員長，在政府內組織憲法問題調查委員會，迅速擬定修憲草案。然而，制定出的憲法仍然承認天皇的統治權，並不民主，因此麥克阿瑟否決此案，並判斷「日本政府無法自行制定憲法」，**於是指示GHQ的民政局長寇特尼・惠特尼起擬草案，而惠特尼僅一週便完成草案的擬定**。GHQ所擬的草案與現在日本國憲法大致相同，已包含「國民主權」、「尊重基本人權」、「放棄戰爭」等內容。

日本政府將此草案稍做增修後做為政府的原案發表。由於當時並未向國民公開表示此案是由GHQ所擬，**因此以修改大日本帝國憲法的形式在眾議院與貴族院通過修憲**。日方所修改的部分是議會制度，在GHQ案中是一院制，但在日本政府的強烈希望下改成眾議院、參議院的兩院制。

關鍵人物

松本烝治（1877～1954）
商法學者。戰爭結束後，草擬憲法草案（松本試案），向政府與GHQ提出。

寇特尼・惠特尼（Courtney Whitney）（1897～1969）
美國律師、法學博士。為第二次世界大戰中的陸軍將領。為憲法草案制定會議的負責人。

近現代史祕辛

新憲法下的主要修改內容

新憲法在GHQ的指導下，如左圖進行法律整理與修改。

・**新民法**：制定男女平等的婚姻、財產均分繼承制。廢止戶主制。
・**刑事訴訟法修正**：嚴格限制搜查、拘留等。重新確立緘默權。
・**刑法修正**：廢止大逆罪、不敬罪。廢止只懲罰妻子不倫的通姦罪。
・**地方自治法**：地方首長的公選制（譯註：指由日本國民直接投票選舉）、制定罷免制。廢除內務省。
・**國家公務員法**：制定任用、服務、懲戒的規定。規定國家公務員應為民服務。

明治 1850 1900 1910 大正 1920 昭和 1930 1940 1950 1960 1970 1980 平成 1990 2000 2010

宣揚放棄戰力的憲法第九條

決議的憲法在一九四六年十一月三日公布，隔年五月三日開始實施。新憲法以「國民主權、和平主義、尊重基本人權」為原則，國會被視為「國權的最高機關」。天皇則被定義為「日本國民統合的象徵」，沒有政治上的權力。

第九條規定「日本國民衷心謀求基於正義與秩序的國際和平，永遠放棄以國權發動戰爭、武力威脅又或者是行使武力做為解決國際爭端的手段」。接著同一條的第二項上表示「為達到前項目的，不保持陸海空軍及其他戰力，亦不承認國家的交戰權」之所以會有這項規定，一般認為是因為美國為避免無條件投降的日本再次與本國對抗。

之後基於新憲法，開始制定與修改各種法律。譬如一九四七年修改的新民法中，廢除戶主制，加入婚姻的男女平等與財產分配制。

簡明圖解！

松本案與GHQ案的相異點

否定松本擬定的修憲綱要的麥克阿瑟案中，將天皇定為沒有政治權力的存在。

	松本案	GHQ案（麥克阿瑟案）
天皇的主權	**第3條** 天皇神聖不可侵犯 **第56條** 樞密顧問應天皇之諮詢，審議重要國務。 **第57條** 司法權由法院依天皇名義依法行使	1 天皇為國家元首。皇位之繼承為世襲制。天皇的義務與機能是……(略)對人民的基本意志負責。
戰爭	**第11條** 天皇統帥軍隊，海陸軍之編制及常備兵額依法規定	2「放棄做為國家主權權利的戰爭。日本放棄做為紛爭解決手段的戰爭，以及放棄以戰爭做為保護自身安全的手段……」

參考：憲法調查會《憲法調查會資料》

1946年的世界情勢　**第一次印度支那戰爭（Guerre d'Indochine）（1946～1954年）**：第二次世界大戰後，針對舊法屬印度支那的獨立問題，法國與越南民主共和國之間發生的戰爭。

惡性通貨膨脹
東西價格上漲了好幾倍

日本政府在戰爭時的資金幾乎靠戰爭國債支持。

但在戰爭結束後，一償還國債，大量的金錢便湧入市場。

就算有錢也買不到東西呢……

空蕩蕩

去非法的黑市的話，應該就能買到糧食和生活必需品吧。

雖然有點貴但應有盡有哦！

此狀況稱為「惡性通貨膨脹」，象徵戰後混亂的事件。

幣原喜重郎雖然提出「金融緊急措施令」做為因應對策，

舊

新

封鎖預金、禁止舊貨幣流通、發行新貨幣、

新貨幣有提領金額的限制，減少充斥在市面上的貨幣！

然而只有短暫的效果，仍然無法阻止通貨繼續膨脹。

「道奇路線」開始

1945 46 47 48 49 50 年

消費者物價指數飆達百倍，

通貨膨脹一直持續到一九四九年的「道奇路線」為止。

相關主題

經濟

政治

政府凍結預金，禁止舊貨幣流通

戰爭結束之後，政府必須支付企業巨額的軍需補償。國民因為對經濟感到不安，想把現金換成物品，而同時將預金（譯註：指存放在銀行等金融機構的金錢）提出，因此貨幣大量增發，再加上食糧等物資不足的狀況也變得更為嚴峻，導致嚴重的通貨膨脹，東西的價格翻漲數倍。

幣原內閣發售新貨幣並禁止使用舊貨幣，也祭出凍結預金的政策，限制只能提領一定金額的新日圓來控制貨幣的流通量（金融緊急措施令），然而並無顯著成效。接著吉田內閣為了振興經濟，設置經濟安定本部，並採用有澤廣巳「傾斜生產方式」的提案。所謂的「傾斜生產方式」是將重點放在擴大煤、鋼鐵等重要產業部門生產的政策。

然而，為了振興產業界而**創立復興金融金庫（復金），提供煤、鋼鐵、電力、海運等基幹產業資金，但這些舉動卻又引發通膨問題。**

關鍵人物

有澤廣巳（1896～1988）
經濟學者。因「人民戰線事件」離開東大，在戰後回歸大學。之後成為法政大學校長。

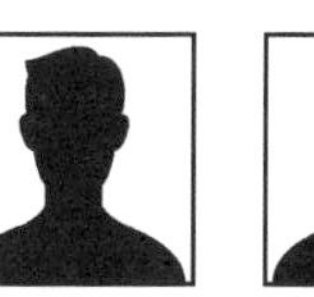

涉澤敬三（1896～1963）
財經界人士、民俗學者。第十六任日本銀行總裁，幣原內閣時擔任大藏大臣，提出振興經濟政策。

石橋湛山（1884～1973）
新聞工作者、政治家。第一次吉田內閣中擔任大藏大臣。之後就任為第五十五任內閣總理大臣。

簡明圖解！

戰後的物價指數與貨幣發行量

3,500 億圓 / 3,000 / 2,500 / 2,000 / 1,500 / 1,000 / 500 / 0
35,000 / 30,000 / 25,000 / 20,000 / 15,000 / 10,000 / 5,000
1945 / 46 / 47 / 48 / 49 / 50 年
日本銀行券發行量（譯註：為日本銀行發行的紙幣）
金融緊急措施令
道奇路線開始
經濟安定九原則
零售物價指數（東京）（1934～36 平均：100）

1946 年的金融緊急措施雖然讓貨幣的發行量暫時下降，但之後又急速攀升增加。

出典：《本邦經濟統計》

1946年的世界情勢　**菲律賓獨立**：菲律賓因日本戰敗喪失獨立的機會，不得不變回美國的殖民地，但在 1946 年因《馬尼拉協定（Manila Accord）》得以再次獨立。

糧食危機、社會運動
人口增加引發嚴重的社會問題

相關主題

- 經濟
- 社會問題

1850
明治
1900
1910
大正
1920
昭和
1930
1940
1950
1960
1970
1980
平成
1990
2000
2010

至農村採買勉強果腹

戰後從海外歸國的復員軍人（回歸各自的家庭）約有三百一十萬人，從中國、南方引揚歸國（譯註：指原居於日本海外殖民地及占領地被遣返的日本國民）人數則多達三百二十萬人，使日本國內人口瞬間暴漲。緊接著又因為軍需工廠歇業而出現大批失業者，再加上一九四五年農作物歉收的情形創下歷史紀錄，造成嚴重的糧食危機。米的配給改由蕃薯或玉米代替，也有遲發的情形。**於是人們在自家種菜自給自足，或去農村地區採買充飢**。此外，各地火災後的廢墟出現黑市，市民在那裡販賣衣物、購買黑市米。一九四六年五月在皇居前召開「飯米獲得人民大會」，共有二十五萬人參加。

於是國民生活的困難使社會運動更加激化。一九四六年後半時，主張排除資方，由工會自主管理的生產管理鬥爭盛行。一九四七年計劃發動戰後最大的勞動鬥爭——二一總罷工。然而，GHQ以「違反公共福祉」，將全官公廳共同鬥爭委員會議會議長伊井彌四郎帶回警局，用廣播通知中止罷工行動。

簡明圖解！

日本人的引揚歸國者人數

地區	人數	地區	人數
中國	1,541,329	太平洋諸島	130,968
滿洲	1,045,525	越南	32,303
香港	19,347	印尼	15,593
朝鮮	919,904	紐西蘭	797
台灣	479,544	夏威夷	3,659
舊蘇聯	472,951	沖繩	69,416
庫頁・千島	293,533	本土附近群島	62,389
澳洲	138,843	其他	937,461
菲律賓	133,123	合計	6,296,685

因戰爭而失去財產的一般居留民和復員軍人回歸日本。總數約六百三十萬人。除此之外約有六十萬人從西伯利亞收容所被移送回國。引揚歸國一直到 1956 年左右才完成。
出典：2003 年 1 月，包含軍人。「厚生勞動省社會、援護局資料」

關鍵人物

伊井彌四郎（1905～1971）
日本的勞工運動者。日本共產黨中央委員。做為全官公廳共鬥委員會議長，擔任二一總罷工的最高負責人。

聽濤克巳（1904～1965）
新聞工作者、勞工運動者。飯米獲得人民大會中做為勞動者代表致詞。一九四七年遭右翼人士襲擊而受傷。

1946年的世界情勢

比基尼環礁的原子彈試爆：美國在比基尼環礁進行核彈試爆。此試爆是繼 1945 年的三位一體核試（Trinity）、廣島與長崎核爆後，史上第四、五大的核爆。

冷戰體制的形成
美國的蘇聯圍堵政策

第二次世界大戰後不久，美國與蘇聯陷入冷戰狀態。
資本主義「西方陣營」
共產主義「東方陣營」
所謂的冷戰並非以武力為手段進行戰爭，而是經濟戰與外交戰。

而在之前一九四五年的雅爾達會議上，
談論到戰後的世界如何分治時，
發生了幾個問題，被認為是冷戰的原因。

美國與共產主義對立，祭出支援政府、圍堵蘇聯的「杜魯門主義」。

西

東方陣營組織「共產黨和工人黨情報局」，加強共產主義運動，冷戰結構因而固定下來。

東

最具代表性的事件是一九四八年，

反對西方陣營貨幣改革的蘇聯，發動「柏林封鎖」作戰。

因為蘇聯，西柏林的鐵路、道路與電都被中斷。

再這樣下去不是凍死就是餓死…

…那個是！

是物資！

美國以空運的方式提供物資食糧給市民維持生活，

於是蘇聯承認作戰失敗而解除封鎖。

相關主題

- 對美關係
- 世界情勢

美蘇在經濟、軍事上展開激烈的競爭

擁有核彈的美國，在第二次世界大戰末期將美元做為國際貨幣，建構固定匯率制與自由貿易體制，企圖再建資本主義領導西方各國。相對地，蘇聯則加強對東歐影響力，組成「共產黨和工人黨情報局」（歐洲的共產黨、勞動黨的情報交換組織），在東歐各國建立共產主義體制。

一九四七年美國杜魯門總統提出訴求圍堵蘇聯必要性的「杜魯門主義（Truman Doctrine of containment）」，並表明要幫助西歐各國的復興與援助軍備。因此，以美國為中心的西方陣營與以蘇聯為中心的東方陣營關係更加尖銳。西方陣營是以美國為盟主的共同防衛組織**「北大西洋公約組織」**；另一方面，一九四九年成功開發核彈的蘇聯，也設立同樣為共同防衛組織的**「華沙公約組織」**。

雙方陣營在軍備與經濟等各種層面上展開激烈的競爭，此狀況史稱**「冷戰」**。而在國際安全保障的這一點上，對聯合國的信賴感也急速下滑。

關鍵人物

哈瑞・S・杜魯門（Harry S Truman）
（1884～1972）
美國第三十三任大總統。一九四五年由副總統升為總統。提倡「杜魯門主義」。

小喬治・卡特萊特・馬歇爾（George Catlett Marshall, Jr.）
（1880～1959）
美國陸軍軍人、政治家。戰後訂定「馬歇爾計畫（The Marshall Plan）」，指導歐洲的經濟復興。

喬治・歐威爾（George Orwell）
（1903～1950）
英國作家。「冷戰」一詞之父。著有著名小說《動物農莊》與《一九八四》。

簡明圖解！

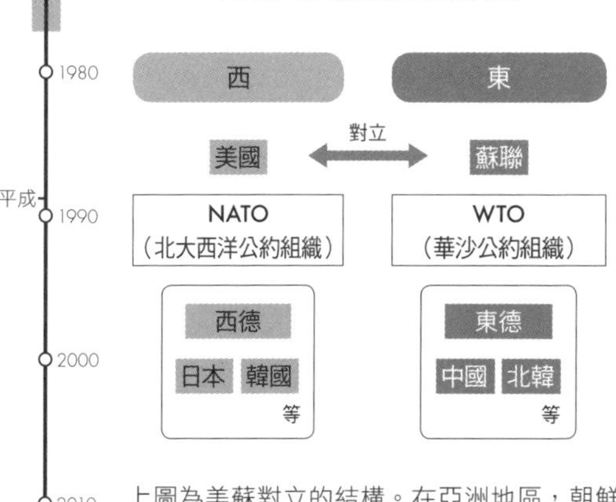

上圖為美蘇對立的結構。在亞洲地區，朝鮮和越南也實施南北分治；在歐洲，德國也分裂成東西德，並建造柏林圍牆。

1946年的世界情勢　**「鐵幕（Iron Curtain）」演說**：為前英國首相邱吉爾至美國發表的演說。主要批判蘇聯及東歐諸國的封閉、秘密主義。明確地表現出冷戰時代的氛圍。

1945～

Historical Events 48

戰後的亞洲

因美蘇戰爭而分裂的亞洲

因與日本開戰而停止內戰的中國共產黨與中國國民黨，

在戰爭結束後又再度展開內戰。

得到蘇聯支援的共產黨勢力擴大，壓制國民黨軍。

在內戰中戰敗的國民黨政府退至台灣，中華民國政府繼續存續。

香港
台灣

香港再度被英國殖民支配，一直持續到一九九七年。

一九四八年 南韓建立大韓民國

李承晚

北韓成立朝鮮民主主義人民共和國

金日成

相關主題

對美關係
東亞外交

中國共產黨政權誕生

冷戰時期美蘇的緊張關係也影響了東亞地區。中國的對日戰爭結束後，中國共產黨與中國國民黨的內戰再啟，國民黨即便得到美國支援還是陷入苦戰，**最後由共產黨獲勝，一九四九年成立以毛澤東為主席的「中華人民共和國」**。隔年，中國與蘇聯締結《中蘇友好同盟互助條約》，成為東方陣營的一員。而以蔣介石為總統的國民黨則敗逃至台灣。

美國眼見中國情勢的變化，認知到日本在遠東地域對蘇聯戰略上的重要性，於是對日本的占領政策有了極大的改變。

另一方面，一九四八年，蘇聯在朝鮮半島的占領地區成立社會主義國家的「朝鮮民主主義人民共和國」，由金日成出任首相；而美國則在占領地區上建立「大韓民國」，首任總統由李承晚就任。於是朝鮮半島以北緯三十八度為分界線，美國方為「南」，蘇聯方為「北」，分成兩派。

關鍵人物

毛澤東（1893～1976）
中華人民共和國的政治家。一九四六年就任中國共產黨中央委員會主席。建立中華人民共和國。

蔣介石（1887～1975）
中華民國的政治家、軍人。統一中華民國，但在國共內戰中敗退。播遷至台灣。

金日成（1912～1994）
朝鮮的革命家、獨立運動家。在蘇聯的支持下，於北韓建立朝鮮民主主義人民共和國。

近現代史祕辛

蔣介石有日本陸軍身分？

蔣介石生於清朝，於一九〇六年赴日，目的是至東京振武學校學習，但那時並未被准許入學。然而這次到日本，與孫文率領的中國革命同盟會的陳其美認識並有深交。蔣介石隔年再度前往日本，終於成功留學。一九一〇年編入日本陸軍，以士官候補生身分於新瀉縣高田市（現上越市）的野戰炮兵隊接受實習。由於有這樣在日本的體驗，因而期望中日能建立友好合作關係。

1948年的世界情勢　**代爾亞辛村大屠殺**：猶太恐怖組織屠殺阿拉伯人事件。當時是在第一次中東戰爭爆發之前，於耶路撒冷近郊殺害超過一百名阿拉伯人。

占領政策轉換 美國支援日本經濟復興的理由

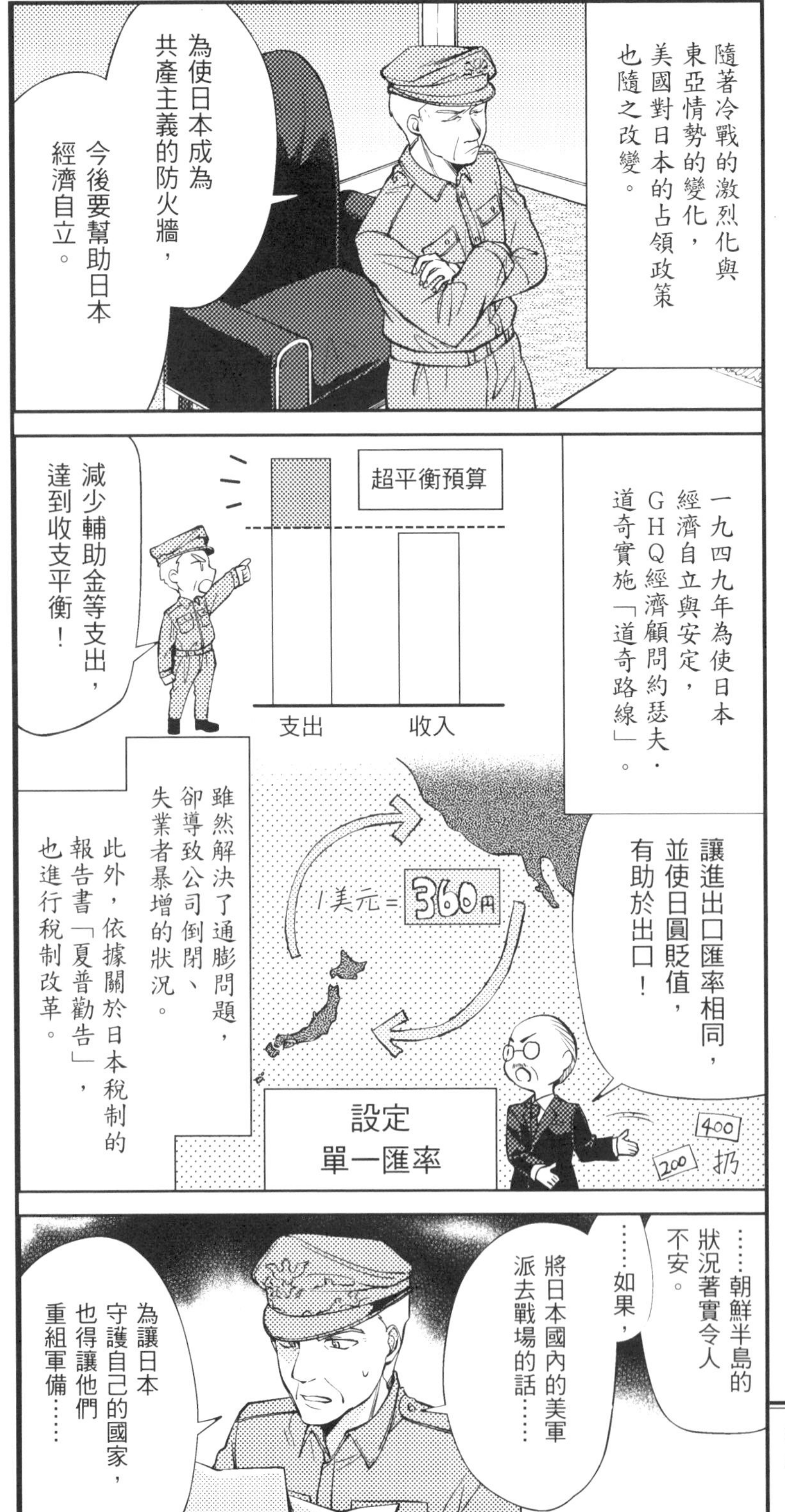

相關主題

- 經濟
- 對美關係

美國轉而支援日本經濟

藉占領政策來削弱日本的美國，**當亞洲的社會主義勢力擴張時，反而支援日本經濟自立，好讓日本盡早成為自由主義陣營的防火牆**。一九四八年時美國國務省喬治．凱南提議改革占領政策並振興日本經濟，其中包括戰爭賠償的放寬、解除公職放逐令、日本警察力的強化等等。於是GHQ也不得不轉換政策方向。

GHQ同意這項提議，下令日本政府實施「經濟安定九原則」，而所謂的九原則包含平衡預算、強化徵稅、薪資穩定等。接著GHQ又命銀行家約瑟夫．道奇編列預算，道奇斷然執行緊縮性財政政策，**決定將單一匯率定為一美元等於三百六十日圓，有助於日本製品的出口，而這項政策被稱為「道奇路線（Dodge Line）」**。道奇路線的實施使通膨的狀況有些許改善，但這次卻反而造成中小企業接連倒閉，使景氣更雪上加霜。於是，美國派遣卡爾．斯普（Carl Shoup）等稅制專家進行稅制大改革。

關鍵人物

喬治．凱南（George Frost Kennan）（1904～2005）
美國外交官、政治學者。因提出圍堵蘇聯的冷戰政策而廣為人知。

約瑟夫．道奇（Joseph Murrel Dodge）（1890～1964）
美國的政治家。之後成為美國底特律銀行總裁。在日本訂立「道奇路線（Dodge line）」經濟政策。

池田勇人（1899～1965）
大藏官僚、政治家。之後就任內閣總理大臣。於吉田內閣擔任藏相，推行「道奇路線」。

簡明年表！

美國對日經濟政策的變遷

美國在經濟與軍事方面的占領政策有很大轉變，尤其是一九四八到一九四九年各式各樣的知識分子赴日，提出新政策。

1948
- 凱南赴日。向美國提出應轉換占領政策的建議
- GHQ下令吉田內閣實施經濟安定九原則

1949
- 道奇以特別公使身分被派遣赴日，實施「道奇路線」
- 斯普以租稅專家團隊領導者身分赴日
- 稅制大改革。引進累進所得稅制
- 不景氣的情況更加嚴重。中小企業相繼倒閉

1950年的世界情勢
印度尼西亞共和國成立：1949年荷蘭依《海牙圓桌會議協定（Hague Agreement）》，承認印尼與其周邊的荷蘭傀儡國家獨立，而這些國家在隔年併入印度尼西亞共和國。

韓戰
成為景氣復甦契機的戰爭

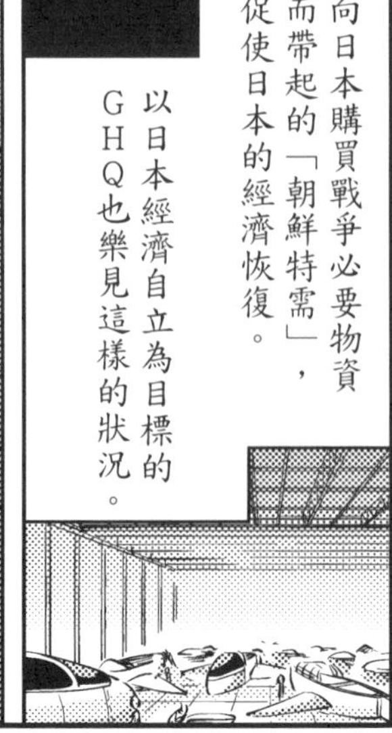

相關主題

- 經濟
- 東亞外交

蘇聯以外的聯合國軍被派往北韓

中華人民共和國的成立對朝鮮半島情勢造成很大影響。朝鮮原本是以北緯三十八度為南北分界，**但在一九五〇年，北韓突然越過國境進攻韓國，因此爆發韓戰，北韓一時壓制韓國，占領首爾。**

對於這情形，聯合國安理會決定用武力制裁北韓。**由於蘇聯代表缺席，所以是以美國為中心，與英國、菲律賓、澳洲等國家組成聯合國軍。**聯合國軍用仁川登陸作戰計畫反擊，將北韓軍逼退，並越過三十八度線深入北韓領地。

這次由中國人民義勇軍替北韓助陣。於是，當時戰況呈現在三十八度線附近一進一退的狀態。

之後，聯合國軍與北韓在一九五一年進入休戰會議，一九五三年七月於板門店簽訂休戰協定。韓戰前的北緯三十八度線附近的前線被視為是軍事分界線，於是**北邊是朝鮮民主主義人民共和國，南邊是大韓民國，朝鮮半島分斷的模式就此固定下來。**

關鍵人物

毛岸英（1922～1950）
中華人民共和國軍人。毛澤東的長男。在韓戰中以俄文翻譯身分從軍，因美軍的轟炸而戰死。

大橋武夫（1904～1981）
被任命為吉田內閣法務總裁，指導國家公務員的「赤色清洗（Red Purge）」政策。一九五一年，擔任警察預備隊擔當國務大臣。

近現代史祕辛

麥克阿瑟也考慮過使用核彈

在韓戰期間，杜魯門總統突然將麥克阿瑟解任。原因是其實在一九五一年杜魯門總統就準備提出「尋求停戰」的聲明，此事被麥克阿瑟察覺，於是麥克阿瑟便在未得到政府的許可下發表攻擊中華人民共和國的聲明，下令進攻三十八度線以北。此外，據傳麥克阿瑟也曾向杜魯門總統建議使用核彈。種種因素令杜魯門總統擔心麥克阿瑟的失控會刺激蘇聯，將使歐洲也陷入緊張狀態之中。麥克阿瑟被解任後回歸美國，吉田內閣贈予他「名譽國民」的稱號。

1950年的世界情勢　**英國承認中華人民共和國：**英國與中華民國斷交，承認中華人民共和國。

因戰爭而出現紅色恐慌（Red Scare）

不過，韓戰對日本經濟而言卻有相當大的幫助。雖然「道奇路線」（參見198頁）使日本陷入嚴重的經濟蕭條，但因**韓戰的特殊需求，需要製造武器、子彈，以及汽車、機械的修理等，讓景氣急速的復甦**。

戰爭也影響了GHQ的政策。由於在日美軍向朝鮮大舉出兵，日本國內的治安維持出現漏洞，於是**GHQ在一九五〇年下令日本政府設立警察預備隊**。此外，為了補充人員，舊軍人的公職放逐令也被解除。於是警察預備隊成為七萬五千人的組織，在一九五二年擴大為保安隊。

此時**由於受到冷戰的影響，美國對共產主義更加敏感**。韓戰爆發前夕，政府依GHQ的指示將二十四名共產黨中央委員解職。並以此契機開始徹底驅逐共產主義者（赤色清洗），第三次吉田內閣將政府機關、大眾媒體與民間企業裡的共產主義者都驅趕出去。

風俗習慣

美國的價值觀與生活模式流入日本

因占領期的占領改革解除了對思想與言論的壓制，過去的價值觀也被大大否定，於是民主化與個人解放的思考方式逐漸普及。此外，美式的生活模式與文化也大量地湧入。

簡明年表！

針對韓戰的日本國內外動向

從韓戰爆發前的赤色清洗到戰爭開打，以年表整理戰爭結束前的一連串日本國內外動向。

年月	事件
1950 6月	將共產黨中央委員解除公職 北韓侵略北緯三十八度線 韓戰爆發
1950 8月	成立警察預備隊
1950 9月	美軍仁川登陸作戰
1950 10月	解除公職放逐
1951 4月	麥克阿瑟解任
1951 7月	聯合國軍與北韓間的休戰會議開始
1952 4月	廢止公職放逐令
1953 7月	於板門店簽訂停戰協定

＼簡明地圖！／

韓戰交戰過程

面對以美國為中心的強大聯合國軍隊，
北韓憑藉著中國人民義勇軍的參戰與蘇聯提供的武器應戰。
戰況一進一退，陷入膠著。

❶ 1950年6月25日
爆發韓戰

❷ 1950年9月14日
北韓軍追逼韓國

❸ 1950年11月26日
因聯合國軍的介入戰況有所改變

❹ 1953年7月27日
簽訂朝鮮停戰協定

1951

Historical Events 51

舊金山和約 日本成為獨立國並恢復主權

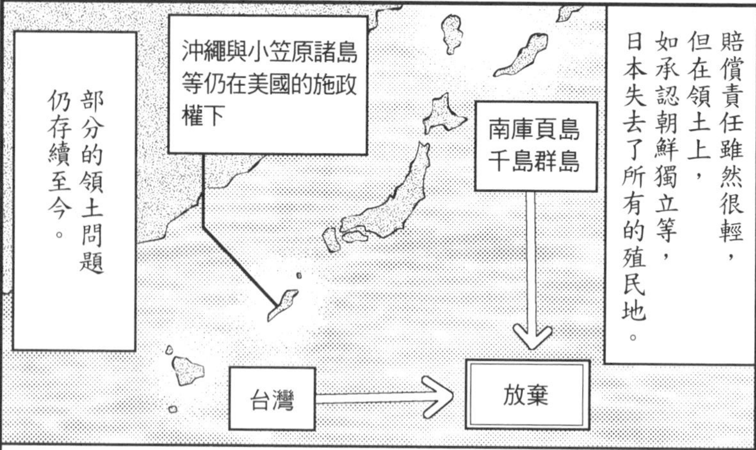

相關主題

- 對美關係
- 世界情勢

明治 1850 1900 1910 大正 1920 昭和 1930 1940 1950 **1951** 1960 1970 1980 平成 1990 2000 2010

附有關於領土的嚴苛條件

日本為了恢復主權，必須讓二戰時的交戰國承認日本是獨立的國家，並且締結和談條約。另一方面美國在韓戰時將日本做為補給基地等，認知到日本的戰略價值，約翰．福斯特．杜勒斯外交顧問等人，開始進行和蘇聯等之外的西方諸國單獨談和準備，但卻有個「談和後美軍亦駐留在日本」的附帶條件。日本國內雖然也有必須和蘇聯、中國等全聯合國成員全面談和的言論，但吉田茂首相認為在冷戰的局勢下要與所有的聯合國成員談和相當困難，而選擇單獨談和。**一九五一年九月，日本和四十八個國家簽訂《舊金山和約（San Francisco Peace Treaty）》。持續約六年的占領期間終於結束，隔年日本被承認為獨立國家。**

賠償責任雖被減輕，**但領土卻被嚴格設限。那就是放棄台灣、南庫頁、千島群島，以及朝鮮獨立。**此外，沖繩與小笠原諸島被置於美國的施政權下。同一天也簽訂了《美日安保條約》（安保條約），由日本無償提供基地。

關鍵人物

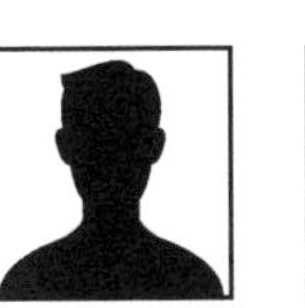

約翰．福斯特．杜勒斯（John Foster Dulles）（1888～1959）
美國的政治家。安保條約之父。一九五三年到一九五九年擔任美國國務卿。

南原繁（1889～1974）
日本的政治學者。東京帝國大學校長、東京大學名譽教授。向吉田首相提出全面談和論而引發爭論。

苫米地義三（1880～1959）
眾議院議員、國民民主黨黨魁。身為全權代表團成員，和吉田茂首相、池田勇人藏相一同出席談和會議。

簡明地圖！

《舊金山和約》後的日本領土

庫頁
千島群島
朝鮮
台灣
放棄的日本領地
1950年的日本領地

以地圖表示太平洋戰爭以前與簽訂《舊金山和約》後的日本領土。

1951年的世界情勢

邱吉爾第二次內閣成立：邱吉爾雖然在第二次世界大戰結束後下台，但在一九五一年的選舉中再度勝選。翌年邱吉爾內閣進行核武實驗，成為擁核國。

六〇年安保條約 安保條約並不對等

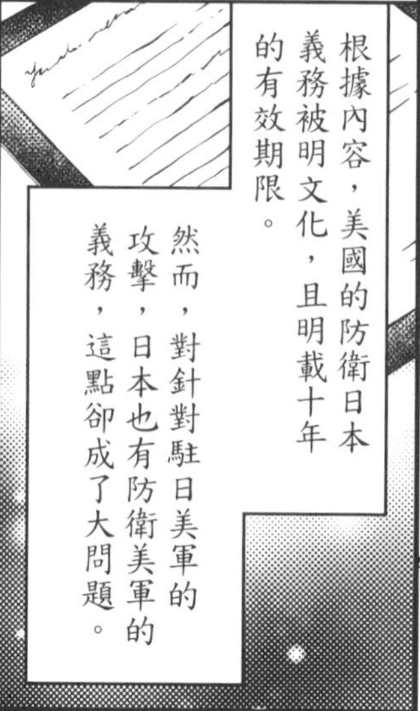

相關主題

- 社會問題
- 政治
- 對美關係

※ 譯註：「全日本學生自治會總連合」的簡稱，為日本由各大學學生自治會組成的全國聯合組織

反對安保的抗議隊伍包圍國會

一九五一年簽訂的《舊金山和約》並不算是對等的條約。譬如條文中沒有明載美軍對日本的防衛義務，相反的若美國有需要的話，能向日本政府要求在日本任何地域設置基地。

隔年締結《日美行政協定》，卻訂下更多諸如無償提供美軍設施、分擔防衛經費與美軍及其親屬在刑事審判上的特權等，對日本不利的項目。

一九五七年岸信介內閣成立，岸提出修正不平等條約的提議。於是**在一九六〇年岸信介首相與艾森豪總統簽訂《新安保條約》**。新條約中明訂美國對日本的防衛義務、在日美軍軍事活動的事前協議制度，與延長條約期限（十年）等。另一方面，這也強化了日本的自衛力，革新勢力認為日本一旦因新安保條約而被捲入冷戰的話就會很危險，因此安保反對運動變得激烈化，並且**發生「六〇年安保鬥爭」的運動，以包含市民的革新勢力為中心，龐大的抗議人潮包圍國會**。

關鍵人物

德懷特．大衛．艾森豪（Dwight David Eisenhower）（1890～1969）
美國軍人、政治家。同盟國軍最高指揮官、北約部隊最高司令。第三十四任總統。

岸信介（1896～1987）
政治家、官僚。曾歷自由民主黨首任幹事長、外務大臣，後擔任內閣總理大臣。被稱為「昭和妖怪」。

近現代史祕辛

安排警察隊進入國會

一九六〇年的安保條約修改時引發空前的反對運動。抗議遊行以日本社會黨、日本共產黨等「阻止修改美日安保條約國民會議」，以及全學連為中心，連同一般國民，參加者達三十三萬人。他們甚至還侵入國會與首相官邸。然而，曾以甲級戰犯身分遭逮捕，之後成為首相有「昭和妖怪」之稱的岸內閣，安排約一千名警察進到眾議院，強行決議此案。國民當初以為那是為了延長會期，沒想到竟是強行通過此案。對此強硬的手法國民大受衝擊，反對運動更加激烈，也引發了岸內閣下台運動。

1960年的世界情勢

成立越南南方民族解放陣線（National Front for the Liberation of Southern Vietnam）：南越在一九六〇年十二月成立標榜反美國、反帝國主義的統一戰線組織，通稱「越共（Viet Cong）」。

恢復獨立的日本 美國的強硬要求下組成自衛隊

日本恢復獨立之時，吉田內閣的政治方向性也跟著改變。

緊黏著美國排除共產主義者、取消財閥解體政策、

因重組軍備而創立的警察預備隊強化並重組成保安隊，再改為自衛隊。

……簡直像回到戰前一樣。
所以大家都說這是「民主倒退」。

其他還有針對暴力活動規定的《破壞活動防止法》。

警察法也被修改（新警察法），變得中央集權化。

此時期也發生了許多事件，必須好好思考與美軍間的關係……

內灘事件

美國在日本國內製造戰爭所使用的炮彈，並為了測試性能而設置射擊場，內灘事件是針對此事的反對運動。

「第五福龍丸事件」

指美軍在比基尼環礁進行氫彈試爆，遠洋鮪魚漁船「第五福龍丸」其中的船員因氫彈的高能輻射而死的事件。

相關主題

- 社會問題
- 對美關係

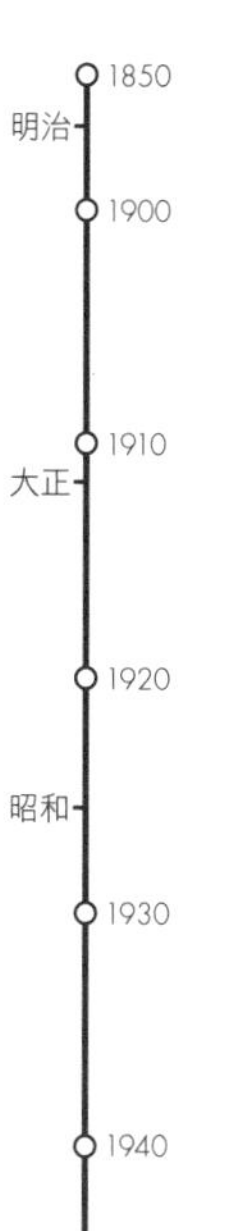

抗議人士與警察隊在皇居前發生衝突

簽訂舊金山和約後（參見204頁），吉田茂內閣為抑止勞工運動和社會運動而到處奔走。**一九五二年五月，勞動節的抗議遊行入侵禁止使用的皇居前廣場，與警官預備隊發生衝突而造成許多死傷（血腥勞動節事件）**。吉田藉此機會成立《破壞活動防止法》，設置公安調查廳做為調查機關。

條約生效後，警察預備隊改組為保安隊，但美國要求又提高，**在一九五四年，締結有義務強化自衛力的MSA協定。因此政府新設防衛廳，保安隊與警備隊統合成為自衛隊**。

對於吉田內閣的大動作，社會黨、共產黨等革新勢力批評那是毀掉占領政策成果的「民主倒退」，掀起反對運動。對美國的非議也增強，石川縣的內灘與東京都的砂川都出現反對美軍基地的鬥爭。同年一九五四年發生在比基尼環礁工作中的日本漁船因美國的氫彈試爆造成船員因氫彈的高能輻射而死的事件，使全國掀起「原水爆禁止運動」（譯註：即禁止原子彈與氫彈試爆的運動）。

關鍵人物

木村篤太郎（1886～1982）
律師、政治家。幣原內閣時的檢事總長。吉田內閣時為司法大臣。《破壞活動防止法》制定的相關人士。

久保山愛吉（1914～1954）
遠洋鮪魚漁船「第五福龍丸」無線通訊長。於南太平洋比基尼環礁附近作業時因核試爆的高能輻射而在半年後過世。

簡明年表！

抑制勞工運動、社會運動的歷史

自由黨的吉田茂內閣在一九五〇年代徹底抑制勞工運動與社會運動。以下為該歷史的整理。

1949 《團體等規正令》修改

1950
因違反《團體等規正令》，對德田球一等九名日本共產黨幹部發出逮捕令

1952
血腥勞動節事件
《破壞活動防止法》成立。補強《團體等規正令》。同時設置公安調查廳
內灘事件案，為基地反對鬥爭擴大為全國化的契機

1954 新警察法公布

1956
砂川事件。與警官隊發生衝突而發展成流血事件

1954年的世界情勢

核能發電開始：蘇聯的莫斯科近郊的奧布寧斯克，世界第一間核能發電廠開始運轉。之後，美國、英國等國也建造核子反應爐。

五五年體制
自由民主黨造就安定政權時代

對民主倒退與修憲等動作感到不妥的聲浪四起。

咚！

停止修憲與重組軍備，不應該有軍事武力！

日本社會黨

在此之前，日本社會黨內分成右派與左派各自進行行動。
不過藉由選舉增加席次，我們已經確保擁有能夠阻止修憲的三分之一席次了！
很好！就讓我們一起同心協力阻止修憲！
再次統一的日本社會黨與共產黨勢力被稱為「革新勢力」。

相對於日本社會黨的再次統一，兩個保守政黨也合併為自由民主黨。雖然保守與革新的對立從一九五五年起持續約四十年，但一直由自民黨掌握政權，

也就是「五五年體制」。

自由民主黨　日本社會黨

自由黨＋日本民主黨　左派＋右派

席次

一與二分之一的政黨制※

之後歷經池田勇人內閣與佐藤榮作內閣，保守政權一直安定的持續到一九九三年。

※譯註：指在國會中自民黨與社會黨的勢力接近為二比一

相關主題

政治

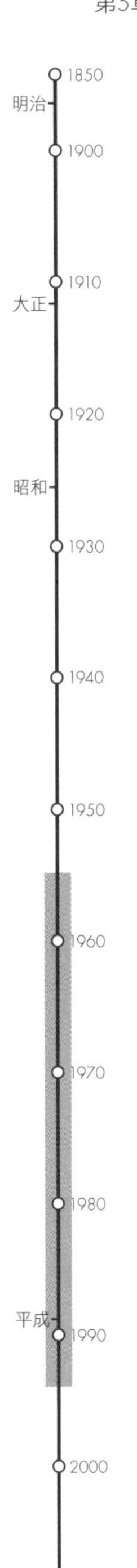

四十年不變的長期政權

「民主倒退」受撻伐以來，社會黨順利地擴張勢力，高舉著反對重組軍備的旗幟並增加席次。接著在一九五四年，造船公司向政界有力人士行賄的「造船醜聞事件」被揭發，在野黨勢力徹底追究內閣責任，迫使吉田內閣辭任下台。

接替的日本民主黨鳩山一郎內閣由於發表憲法修正、重組軍備等政策，受到在野黨激烈反對。

之後，**一九五五年的選舉中，社會黨達到阻止修憲所需的三分之一議席。保守勢力對此感受到威脅，於是自由黨與日本民主黨聯手組成自由民主黨（自民黨）**，初任總裁由鳩山一郎擔任。自民黨在議會保有三分之二的議席，是具壓倒性的龐大勢力。**自民黨的長期政權被稱為「五五年體制」**，一九五七年岸信介、一九六二年池田勇人、一九六二年佐藤榮作內閣成立，**自民黨政權一直持續到一九九三年**。池田首相推出「所得倍增」案，推動促進高度成長的經濟政策；佐藤首相在長達七年的政權中，留下簽訂《日韓基本條約》與沖繩返還等成果。

關鍵人物

鳩山一郎（1883～1959）日本的政治家、律師。第五十二至五十四任內閣總理大臣。實現日蘇恢復邦交、以及日本加入聯合國等。

池田勇人（1899～1965）從大藏官僚做到自由黨政調會長、幹事長。為第五十八至六〇任內閣總理大臣。推動高度經濟成長政策。

簡明年表！

自由民主黨政權的歷代內閣

以下用年代列出被稱為五五年體制的長期自民黨政權的歷代內閣總理大臣。其中有掌權期間特別長的佐藤榮作和中曾根康弘。相反的也有宇野宗佑的短命政權。

年代	內閣總理大臣
1954～1956	鳩山一郎（52～54任）
1956～1957	石橋湛山（55任）
1957～1960	岸信介（56～57任）
1960～1964	池田勇人（58～60任）
1964～1972	佐藤榮作（61～63任）
1972～1974	田中角榮（64～65任）
1974～1976	三木武夫（66任）
1976～1978	福田赳夫（67任）
1978～1980	大平正芳（68～69任）
1980～1982	鈴木善幸（70任）
1982～1987	中曾根康弘（71～73任）
1987～1989	竹下登（74任）
1989～1989	宇野宗佑（75任）
1989～1991	海部俊樹（76～77任）
1991～1993	宮澤喜一（78任）

1955年的世界情勢　**迪士尼樂園開園**：美國加州安納罕市的迪士尼樂園開園。為迪士尼公司第一個打造的主題樂園。

高度經濟成長
達到每年成長百分之十的日本經濟

戰敗後，一時之間陷入困境的日本經濟逐漸復甦，一九五五年開始邁入高度經濟成長。
此外，日圓貶值對出口有利，使得薪水跟著調漲，人們變得富足也是原因之一。
數年前朝鮮特需的影響，重工業的技術也更上了一層樓哪。
因為石油能用便宜的價錢進口，能源也從煤變成石油了。

廣泛普及的黑白電視、電動洗衣機與電冰箱被譽為「三種神器」。
做家事的時間減少，我們也能工作了。

一九六四年
東京奧運
一九七〇年
大阪萬博的特需景氣也加速了經濟成長，
日本的經濟力更加提升。
哇！

相關主題

經濟
社會問題

1850 明治 1900 1910 大正 1920 昭和 1930 1940 1950 1960 1970 1980 平成 1990 2000 2010

日本的社會結構完全改變

因韓戰而興起特需景氣的日本，在這之後也享受到四個大型景氣，那就是「神武景氣」、「岩戶景氣」、「奧運景氣」與「伊奘諾景氣」。**在包含這些好景氣的一九五五到一九七三年的十八年間，經濟成長率平均成長百分之十，被稱為「高度經濟成長期」**。支撐這股高度成長期繼續逐年攀升的出口產業，尤其是汽車、電氣機械、化學與鋼鐵領域，為了增產而進行龐大的設備投資，工廠引進美國的先進技術，再加上日本人特有的認真與勤奮，大量生產出高品質低成本的製品。

資金充裕的企業大幅改善雇用待遇，終身雇用制、勞資協調、年功序列薪資成為日本經營的三大政策。**經濟的急速成長帶來產業的淘汰和結構的變化**。亦即經濟全體上農業與漁業等第一產業的比重大幅下滑，以製造業為中心的第二產業，以及服務業等的第三產業占比增加。

關鍵人物

松下幸之助（1894～1989）
實業家。Panasonic（松下電器製作所）的創辦人。在大阪萬博上推出松下電器館而蔚為話題。

井深大（1908～1997）
實業家、電子技術人員。與盛田昭夫一同創立索尼公司（SONY）。經常提供嶄新的商品，帶領世界潮流。

中內功（1922～2005）
實業家。創立「大榮百貨」，掀起日本的物流革命。一九七二年銷售額為日本第一。

風俗習慣

何謂高度成長期文化？

日本進入高度經濟成長期後，國民的生活開始有餘裕，願意把錢用在閒暇上，因此休閒產業蓬勃發展，並且打造遊樂園等各式各樣的設施。接著在一九六四年舉辦東京奧林匹克運動會、一九七〇年舉辦大阪萬國博覽會，整個日本都沉浸在興奮之中。大眾媒體也有飛躍性的成長。尤其在一九六〇年中期，幾乎人人家裡都有電視機。報紙、雜誌的發行數量也激增。

1962年的世界情勢
古巴導彈危機（Cuban Missile Crisis）：美國探查到蘇聯的古巴飛彈基地建設計畫後，用軍事武力封鎖古巴海域。美蘇衝突招致核戰的危機。

高度經濟成長造成嚴重的社會扭曲

高度經濟成長期時，**流入都市的人口造成嚴重的問題，地方人口過少但大都市卻人滿為患**。像這樣以年輕世代為中心的人口移動，使得核心家庭大量增加。

在靠近太平洋的東側持續進行填海造陸建造新工廠，因此出現重化學工業地帶（太平洋工業帶）。周邊地區一屋難求，做為對策而一一打造「新城」等的集合住宅。然而由於住宅狹窄而被揶揄是「兔子籠」。

另一方面，薪水的調漲讓人民生活有了餘裕，逐漸能購入許多的消費性耐久財，像是黑白電視、電動洗衣機、冰箱的普及率達百分之九十。私家車也急速普及，迎向人人有車的時代，但在另一方面，弊害也隨之產生，引發社會問題。**尤其是占報紙一整個版面的公害問題，造成大氣污染或水質污濁的重大環境破壞與對健康的傷害**，因此六〇年代後半發起反對公害運動，也發生數件關於水俁病的訴訟。

近現代史祕辛

高度經濟成長打垮了五五年體制？

高度經濟成長造成公害等問題引起居民反感，革新的自治團體一一出現。一九六七年東京，由美濃部亮吉當選為都知事，以此為契機，大都市由革新派獲得壓倒性的勝利。一九七〇年代前半的地方選舉中由社會黨、共產黨推薦的候選人一個個當選，動搖了五五年體制。

簡明地圖！

太平洋工業帶

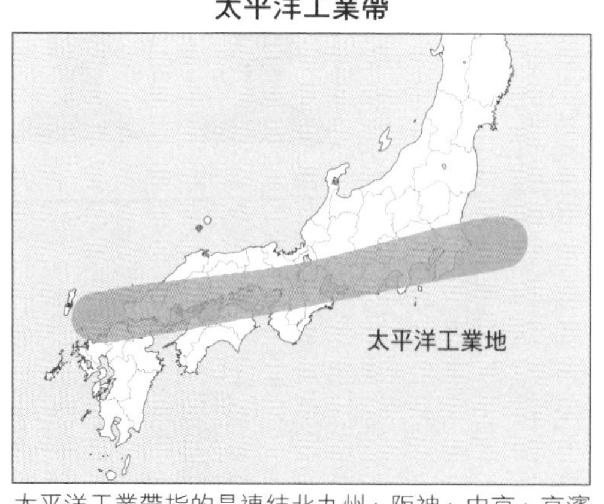

太平洋工業帶指的是連結北九州、阪神、中京、京濱等的帶狀重化學工業地帶。產業與人口都集中在此地，也產生城鄉間的差距。

＼簡明圖表！／

高度經濟成長期的經濟成長率

以下用圖表來表示，朝鮮休戰協定以後的經濟成長率變遷，
以及推動經濟，被譽為「有史以來」的四大好景氣。

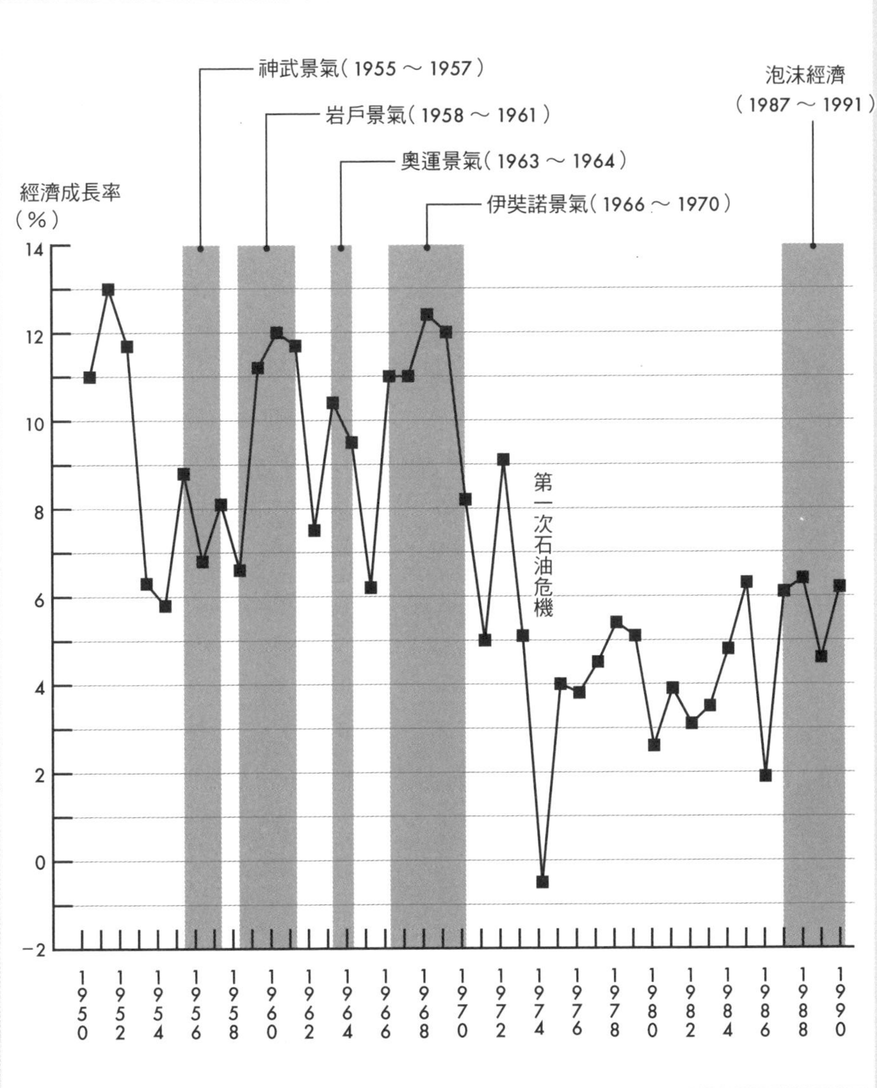

神武景氣（1955 ～ 1957）
岩戶景氣（1958 ～ 1961）
奧運景氣（1963 ～ 1964）
伊奘諾景氣（1966 ～ 1970）
泡沫經濟（1987 ～ 1991）

經濟成長率（%）
14
12
10
8
6
4
2
0
−2

第一次石油危機

1950 1952 1954 1956 1958 1960 1962 1964 1966 1968 1970 1972 1974 1976 1978 1980 1982 1984 1986 1988 1990

1968～

Historical Events 56

安保條約自動延期 招致國民嫌惡的七〇年安保鬥爭

高度經濟成長造成一九七〇年代人們生活的劇烈改變。
所得水準上升，上班族增加。
然而大家都去大都市了，農村人口過疏……
如此一來連第一產業也衰退了……

到了一九七〇年安保條約自動延長的時期時，

發生了企圖阻止自動延長與廢止條約的運動。

學生與市民們在全國各地展開激進的游擊運動。

轟隆！

哇！

哇！

上啊！

呀！

呀！

……我雖然也反對安保延長……

但每天那麼危險好可怕哦……

反對運動愈來愈激烈，但安保條約仍自動延長。
其他還有前首相田中角榮遭到逮捕的洛克希德事件，
以及一九七八年締結《中日和平友好條約》等，是個動盪不安的年代。

相關主題

- 社會問題
- 對美關係

反對安保條約的社會黨減少了五十個席次

修改後的安保條約在十年後的一九七〇年自動延長期限。為了阻止這件事，在一九六〇年代後半發起促使條約廢止的行動。剛好全共鬥會議（全共鬥）與新左翼派的學生運動盛行，東大大學事件、日本大學學運等，在全日本的大學頻繁進行封路抗議運動。學生運動起初是以改善待遇、反對學費上漲等為主，後來才加入「安保反對」的標語。

對於這些運動國民反應冷淡，在一九六九年舉行的總選舉中，提出「反對安保」案的社會黨，席次減少了五十席。不過在一九七〇年六月，全國各地都有由社會黨和共產黨發動的抗議遊行，此外，也在國會前聚集了七萬兩千名以市民團體與新左翼人士等組成的抗議行動。現場畫面也在電視上播放，但因為訴求激進革命的新左翼人士也在其中，因此並未獲得國民支持。另外也由於高度經濟成長使人們的生活更加豐富，對政治的關心度也隨之減低。

關鍵人物

佐藤榮作（1901～1975）
安保條約自動延長時的首相。長達七年的政權中留下促使小笠原諸島、沖繩回歸日本的政績。榮獲諾貝爾和平獎。

秋田明大（1947～）
全共鬥議長。指揮日大鬥爭運動並推行至全國。一九六九年因妨害公務遭到逮捕，運動因而衰退。

風俗習慣

電視與漫畫等娛樂活動變得更多元

在安保鬥爭激烈化的同時，另一方面，國民的生活水準提高，也更加豐富。一九五三年電視節目開始播放，一九七〇年三月開辦大阪博覽會，國民情緒益發高昂。同年八月在東京都內的銀座、新宿等地設置第一個步行者天國（譯註：在特定時間禁行車輛，讓行人自由行走的區域）。出版界方面，描寫拳擊世界的《小拳王》大受歡迎，漫畫也開始滲透人民的生活。但在另一方面，一九六九年永山則夫連續射殺事件、一九七〇年三島由紀夫切腹自殺，一九七一年約四百名中核派學生引發涉谷暴動等令人不安的事件也頻頻發生。

1970年的世界情勢　**太空探測器登陸金星**：蘇聯的太空探測器金星七號成功登陸金星。為世界第一個登陸地球以外的星球的探測器。

沖繩回歸
仍存在基地問題的沖繩返還

美國施政權下的沖繩充斥著各種問題。

許多土地被美軍強制徵收，使軍用地擴大。

佐藤首相訪問沖繩進行演說。

相關主題

- 社會問題
- 對美關係

明治 1900 1910 大正 1920 昭和 1930 1940 1950 1960 1970 1980 平成 1990 2000 2010

美軍引發的事件頻傳

戰爭結束之後，沖繩被置於美軍的管轄下。**一九六〇年代後半期越戰益發激烈，做為前線基地的沖繩價值提高，駐日美軍數量飛躍性地增加，伴隨而來的卻是美軍引起的強盜、強暴日本女性與殺人事件也增加，**但大多被判無罪或輕判，使得日本反美情緒增溫。一九六八年舉辦琉球政府的行政主席選舉，當選的屋良朝苗提出「立刻無條件全面歸還沖繩」的訴求。

一九六九年進行「日美首腦會談」，理查．尼克森總統答應佐藤首相以安保條約延期的條件交換沖繩歸還。然而即使沖繩回歸後美軍基地也仍然還在沖繩，令屋良等復歸推進派大失所望。市民的不滿也更加高漲，在一九七〇年因胡差市的兩件美軍交通意外引爆胡差暴動，而在這一年胡差市發生近千件的暴動，在此狀況下簽訂沖繩返還協定，**一九七二年五月十五日沖繩終於回歸日本。**

關鍵人物

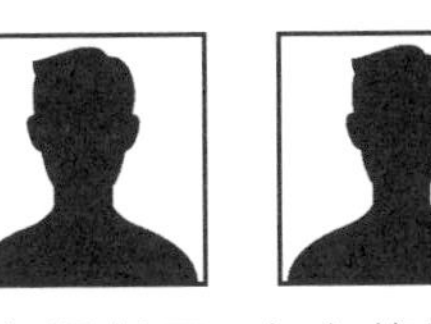

屋良朝苗（1902～1997）
政治家。一九六八年起就任為行政主席。致力於沖繩本土回歸運動，回歸後擔任兩期的沖繩縣知事。

理查．尼克森（Richard Milhous Nixon）（1913～1994）
第三十七任美國總統。實現讓美軍完全撤出越戰。水門案後辭職下台。

西山太吉（1931～）
新聞工作者。與一九七一年的沖繩返還協定有關，因洩漏機密而被判有罪（西山事件）。

簡明圖解！

沖繩的美軍基地（2015 年）

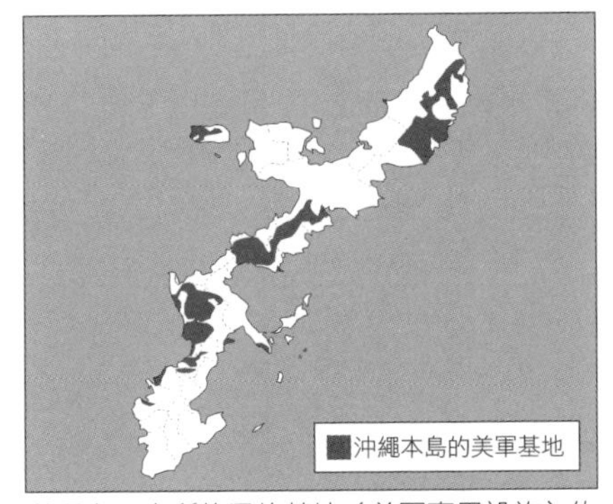

美軍在日本所使用的基地（美軍專用設施）約 74% 集中在沖繩。美軍基地的比例占沖繩本島約 18%。

參考：「沖繩縣網頁」

1972年的世界情勢　**盧德國際機場掃射事件：**五月以色列盧德國際機場發生日本赤軍掃射事件。造成 24 人死亡，100 人受傷的一大恐怖攻擊事件。

戰後文化 技術革新改變了人民的生活

經過高度經濟成長後，國民生活大大改變。

一般家庭也大都擁有汽車。（汽車普及化）

三種神器普及於家庭生活中，家電產品也再進化。

可以自動烘乾呢！

在娛樂方面，漫畫與電動遊戲機也很興盛。

在運動方面，日本選手在海外也相當活躍，在世界中大放異彩。

科學技術及醫療也蓬勃發展，

人們的生活更加豐富與便利。

相關主題

- 科學技術
- 文化

明治 1900 1910 大正 1920 昭和 1930 1940 1950 1960 1970 1980 平成 1990 2000 2010

日本迅速地汽車普及化

令戰後文化大大改變的是「汽車普及化」。日本這樣的改變是從東京奧運後開始，首先是一九六五年名神高速公路、一九六九年東名高速公路的開通，推動幹線道路整備。接著是汽車公司販售低價位的國民車，不僅推動汽車普及化，汽車的生產量也從一九五五年的七萬輛，增加到一九七〇年的五百二十九萬輛。因「汽車普及化」造成產業與物流的形態有很大的轉變，開車至各地旅行的人們也增加。

另一項革命是「電腦化」，企業使用電腦或採用產業用機器人達成工廠自動化，汽車、電器機械等領域的生產量擴增。不僅在商業上，電腦技術也能運用在娛樂產業上，一九八〇年代前半發售了各式各樣的電玩遊戲。

然而，這些技術的進步卻延伸出塞車、遊戲中毒等各式各樣的問題。

簡明圖解！

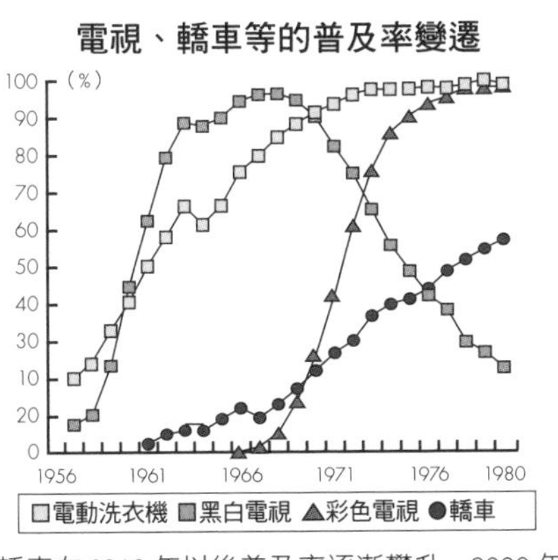

轎車在 1960 年以後普及率逐漸攀升，2000 年代達到巔峰。而電視在 1965 年開始急速上升。1970 年代持平。

出處：依日本內閣府網頁「消費動向調查」資訊製成

關鍵人物

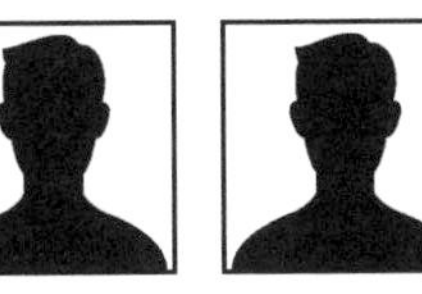

田中角榮（1918～1993）政治家。一九七二年高舉「日本列島改造論」的論述組織內閣，致力於高速公路網的發展。

西角友宏（1944～）遊戲開發者。為一九七八年一推出便掀起熱潮的知名遊戲《太空侵略者》開發者。

有吉佐和子（1931～1984）小說家。著有以環境污染為主題的《複合污染》與描寫阿爾茨海默症的《恍惚的人》等暢銷作品。

1975年的世界情勢

阿波羅-聯盟測試計劃（Apollo-Soyuz Test Project (ASTP)）：蘇聯的太空飛行器聯盟十九號與美國的太空飛行器阿波羅十八號在軌道上成功完成史上第一次合體。

引進消費稅
為因應龐大的借款而導入間接稅

世界掀起新保守（自由）主義的潮流。

代表人物有柴契爾夫人、雷根總統與中曾根首相等。

新保守主義是抑止對公共事業的支出，以「小政府主義」為目標，

在日本也推行引進企業活力理念與國有企業民營化等政策。

政府

透過民營化來改善經營效率。

電電公社

專賣公社

國鐵

譯註：日本電信電話公社　譯註：日本公營事業

一九八九年

為減少龐大的赤字國債，引進新型間接稅——消費稅。

3%

竹下內閣

因此自卡爾・斯普進行改革以來※，以直接稅為中心的稅制初次進行變更。

一九九七年提高到百分之五。

※ 為安定日本稅制，專家卡爾・斯普執行的稅制改革。

相關主題

- 經濟
- 政治

明治　1900　1910　大正　1920　昭和　1930　1940　1950　1960　1970　1980　平成　2000　2010

借款不僅沒減少，反而持續增加

日本的借款，國家的借款即普通國債發行餘額，在二〇一五年的時間點竟達到八百零七兆圓。該赤字國債最初發行的是在一九七五年，是在因石油危機導致高度經濟成長結束的兩年後。此時的三木武夫內閣發行原本在財政法中被禁止的赤字國債約兩兆三千億圓，之後的發行額每年持續增加。

為解決這些赤字所想出的辦法是消費稅，但將消費稅引入日本花了相當長的時間。一九七九年曾擔任過三木內閣時代的藏相的大平正芳首相表示「不能債留子孫」，提出百分之五的消費稅案，但此案卻受到在野黨的自民黨激烈反對而撤回。接著**中曾根康弘內閣也企圖引入消費稅卻再次失敗，而到一九八八年的竹下登內閣時終於成立消費稅法。一九八九年四月實施消費稅**。一開始的稅率是百分之三，但後來一九九七年橋本龍太郎內閣將消費稅從百分之三調漲為百分之五。然而，即便引入消費稅國家的借款仍不減反增，並沒有被解決。

關鍵人物

三木武夫（1907～1988）
從戰前就以議員身分活躍。戰後經歷過各個政黨最後加入自民黨。第六十六任總理大臣。

大平正芳（1910～1980）
從池田藏相的秘書官開始進入政界。第六十八、六十九任總理大臣。被譽為政界屈指可數的知性派。

竹下登（1924～2000）
政治家。第七十四任內閣總理大臣。曾任自由民主黨幹事長、自由民主黨總裁。引進消費稅政策。

簡明圖解！

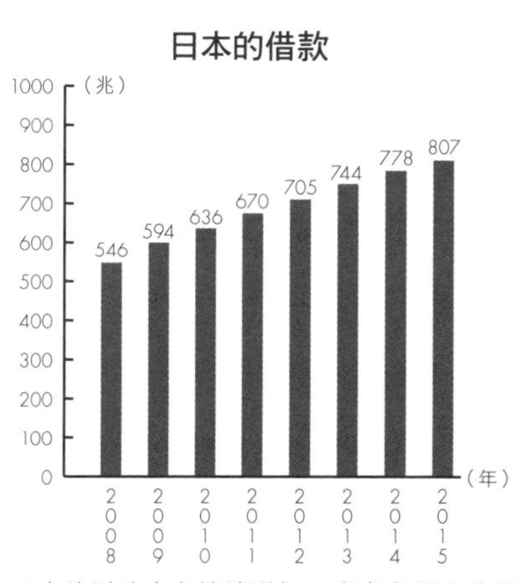

日本的財政赤字持續增加，歲出與稅收的差額靠借款來填補的結果，在 2015 年借款共 807 兆圓。

1985年的世界情勢　**戈巴契夫出任書紀長**：由米哈伊爾．謝爾蓋耶維奇．戈巴契夫（Mihail Sergeyevich Gorbachov）就任蘇聯的共產黨總書記。推動「經濟改革」（政治民主化）。

一看就懂 第5章 總結

戰爭結束後，日本在聯合國的占領之下，由GHQ推行民主化政策。嚴峻的糧食危機，加上沒有固定工作與住處，雖然使人民生活跌入谷底，但人們仍然全力以赴，將社會一步步引向高度經濟成長。好不容易成為經濟大國的日本，另一方面，由於美日安保問題、公害問題等，至今仍疲於應對各式各樣的問題。

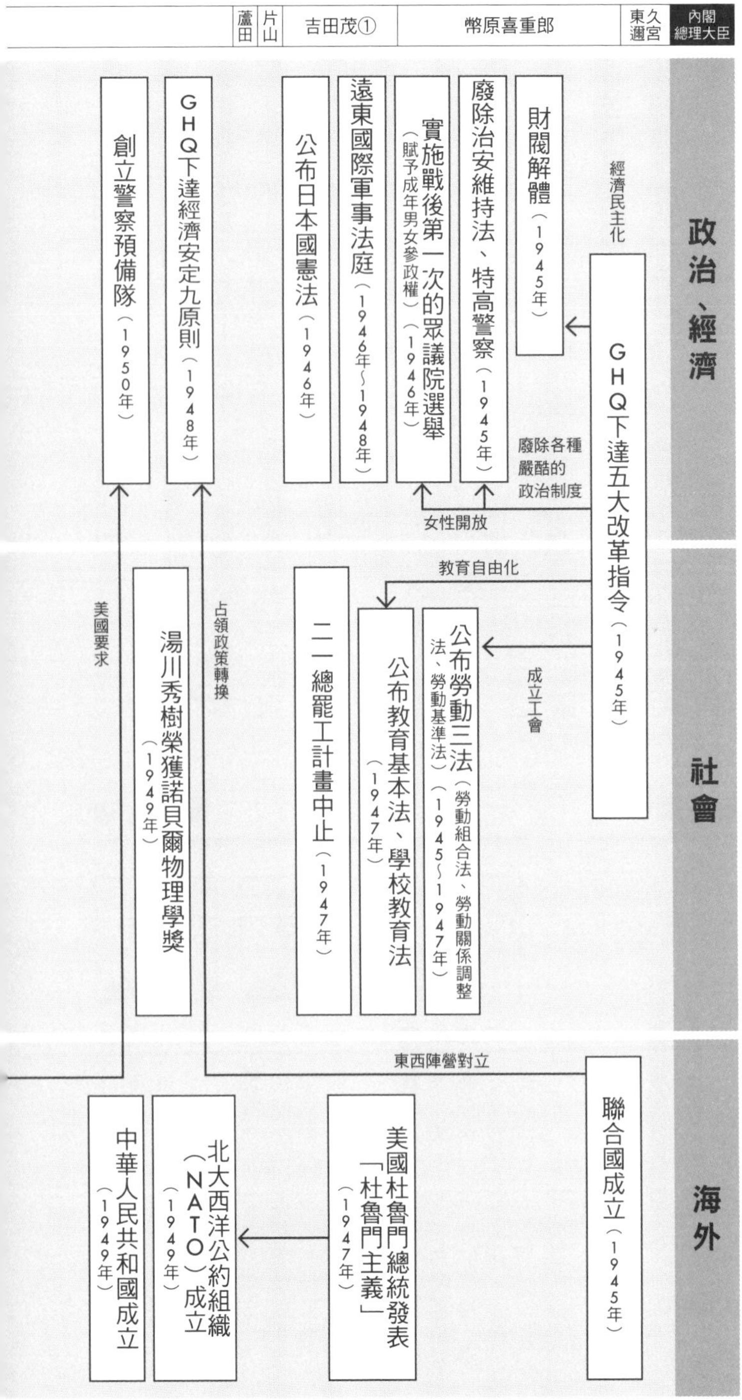

內閣總理大臣	東久邇宮	幣原喜重郎	吉田茂①	片山	蘆田

政治、經濟

- GHQ下達五大改革指令（1945年）
  - 經濟民主化 → 財閥解體（1945年）
  - 廢除各種嚴酷的政治制度 → 廢除治安維持法、特高警察（1945年）
  - 女性開放 → 實施戰後第一次的眾議院選舉（賦予成年男女參政權）（1946年）
- 遠東國際軍事法庭（1946年～1948年）
- 公布日本國憲法（1946年）
- GHQ下達經濟安定九原則（1948年）
- 創立警察預備隊（1950年）

社會

- 成立工會 → 公布勞動三法（勞動組合法、勞動關係調整法、勞動基準法）（1945～1947年）
- 教育自由化 → 公布教育基本法、學校教育法（1947年）
- 二一總罷工計畫中止（1947年）
- 湯川秀樹榮獲諾貝爾物理學獎（1949年）

海外

- 聯合國成立（1945年）
  - 東西陣營對立 → 占領政策轉換 → GHQ下達經濟安定九原則
  - 東西陣營對立 → 美國要求 → 創立警察預備隊
- 美國杜魯門總統發表「杜魯門主義」（1947年） → 北大西洋公約組織（NATO）成立（1949年）
- 中華人民共和國成立（1949年）

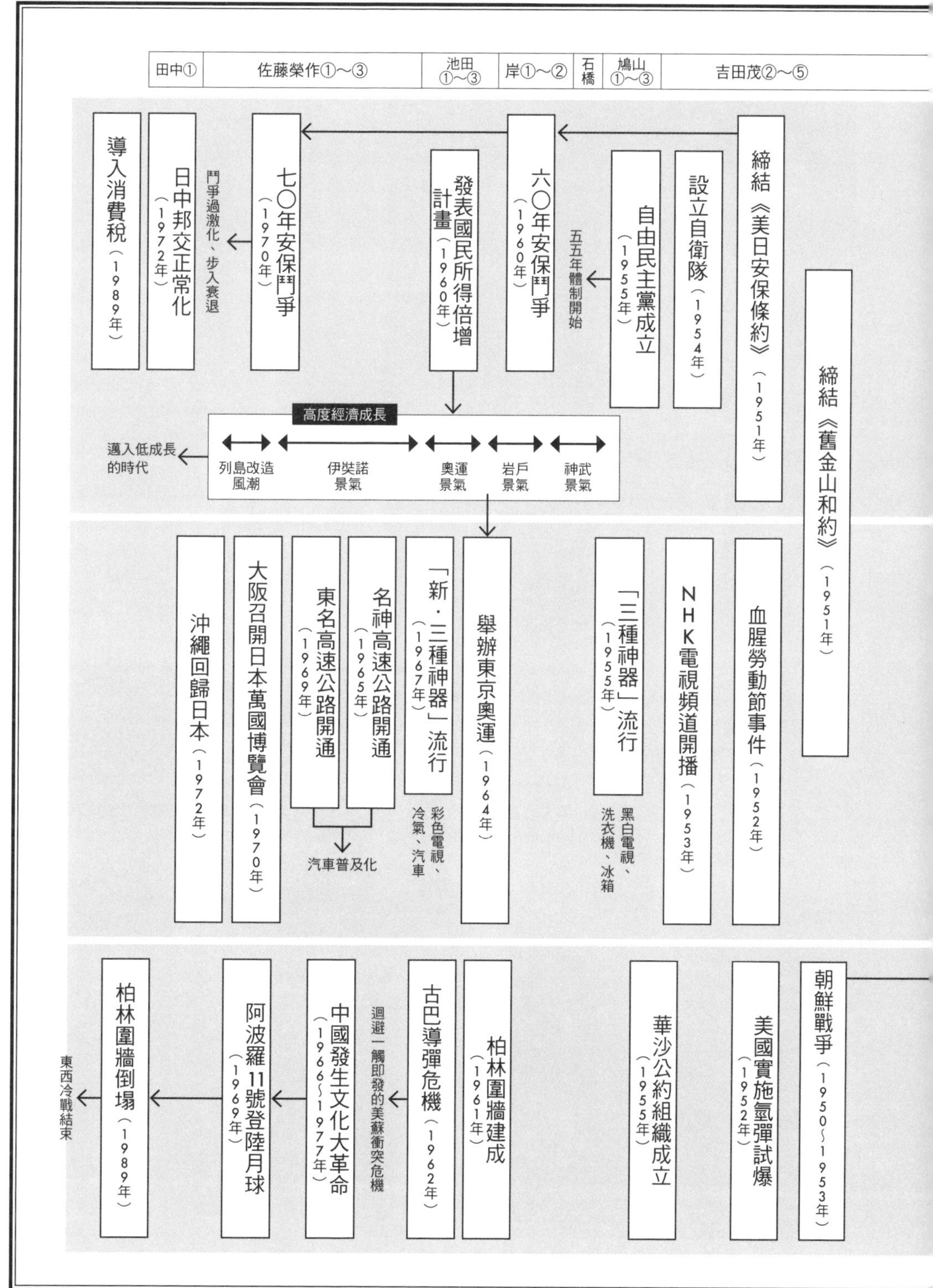

田中①
佐藤榮作①～③
池田①～③
岸①～②
石橋
鳩山①～③
吉田茂②～⑤
締結《美日安保條約》（1951年）
設立自衛隊（1954年）
自由民主黨成立（1955年）
五五年體制開始
六〇年安保鬥爭（1960年）
發表國民所得倍增計畫（1960年）
七〇年安保鬥爭（1970年）
鬥爭過激化、步入衰退
日中邦交正常化（1972年）
導入消費稅（1989年）
締結《舊金山和約》（1951年）
高度經濟成長
神武景氣
岩戶景氣
奧運景氣
伊奘諾景氣
列島改造風潮
邁入低成長的時代
血腥勞動節事件（1952年）
NHK電視頻道開播（1953年）
「三種神器」流行（1955年）
黑白電視、洗衣機、冰箱
舉辦東京奧運（1964年）
「新・三種神器」流行（1967年）
彩色電視、冷氣、汽車
名神高速公路開通（1965年）
東名高速公路開通（1969年）
汽車普及化
大阪召開日本萬國博覽會（1970年）
沖繩回歸日本（1972年）
朝鮮戰爭（1950～1953年）
美國實施氫彈試爆（1952年）
華沙公約組織成立（1955年）
柏林圍牆建成（1961年）
古巴導彈危機（1962年）
迴避一觸即發的美蘇衝突危機
中國發生文化大革命（1966～1977年）
阿波羅11號登陸月球（1969年）
柏林圍牆倒塌（1989年）
東西冷戰結束

看史料懂更多

戰後的日本

因戰爭而一片狼籍的日本，經歷了GHQ的占領期間，最後恢復主權。乘著高度經濟成長的波浪，躋身為經濟大國。

麥克阿瑟赴日

戰爭結束後，道格拉斯·麥克阿瑟將軍以 GHQ 駐日盟軍總司令身分赴日。與昭和天皇一同拍的照片，帶給當時的日本人強烈的震撼。

遠東國際軍事法庭

聯合國將日本的指導者們以「戰犯」的身分進行審判。二十五名被告被判有罪，但也有戰勝者單方面替戰敗者定罪的批評聲浪。

韓戰

針對朝鮮半島的主權問題，大韓民國（南韓）與朝鮮民主主義人民共和國（北韓）發生激烈衝突。也帶給做為聯合國軍中繼據點的日本特需景氣，成為振興日本經濟的契機。照片是登陸仁川後，在首爾展開城鎮戰的聯合國軍。

六〇年安保運動

反對修改美日安保條約的人們群起抗議，數萬人包圍國會議事堂。雖然國會最後通過安保條約的修正案，但岸信介內閣為負起造成社會混亂的責任而下台。

血腥勞動節

GHQ 的占領解除後過了三天，1952 年 5 月 1 日在皇居外苑暴徒化的抗議隊伍和警察部隊發生衝突的暴動事件。一人死亡，近千人受傷，逮捕了一千兩百三十二名抗議人士。

田中角榮

第六十四、六十五任內閣總理大臣。提倡《日本列島改造論》，留下恢復日中邦交等政績。逝世超過二十年至今仍深受歡迎，逐漸掀起新的「角榮風潮」。

東京奧運

1964 年 10 月 10 日起連續二十四天舉行第 18 屆夏季奧運。這是象徵日本回歸國際社會的大會。排球比賽中由有「東洋魔女」之稱的女子排球代表隊獲得金牌。

第6章 停滯與發展的現代日本

1986年 車諾比核子事故

1987年左右 日本正式面臨泡沫經濟

1988年 瑞可利事件曝光，衍生成社會問題

懷抱問題繼續前行的日本

高度經濟成長期之後，雖然日本遇到兩次石油危機，但仍穩定成長為經濟大國。之後雖因日圓升值造成經濟衰退，不過在金融緩和等政策的實施下，在一九八七年左右進入泡沫經濟期。土地價格急速攀升，日經平均指數也創下

1991年 因實施總量管制，泡沫經濟破滅

1993年 自由民主黨五五年體制瓦解

1995年 阪神大地震發生

2001年 小泉純一郎內閣成立。實施結構改革
美國同時發生多起恐怖攻擊

2003年 伊拉克戰爭開打
派遣自衛隊至伊拉克

2005年 JR西日本福知山線出軌事故
郵政民營化法通過

2008年 雷曼兄弟事件，發生世界性的金融恐慌

2009年 眾議院選舉中民主黨獲得壓倒性勝利
民主黨政權誕生

2011年 發生東日本大地震
福島第一核電廠事故

2012年 參議院選舉中自由民主黨獲得壓倒性勝利
安倍晉三內閣成立

史上最高價的紀錄。但這空前的景氣繁榮期，到了九〇年代後泡沫經濟瞬間破滅。之後也出現大型金融機關因不良債權而破產等事件，九〇年代的日本面臨嚴重的經濟蕭條。此外，一九九五年相繼發生阪神大地震與東京地鐵沙林毒氣事件，社會人心惶惶。

然而，二〇〇一年誕生的小泉純一郎內閣，高舉「無聖域的結構改革」口號，實施郵政民營化、放鬆管制等大膽的政策。透過這些政策，經濟逐漸開始恢復。

到了二〇〇〇年，日本的科學技術急速發展，甚至被譽為是以「技術立國」。時至今日，日本雖仍懷抱著少子高齡化、國防問題等各種懸而未決的問題，但已擺脫「失落的二十年」的陰霾，一步步向前邁進。

泡沫經濟破滅 迎向新生活的平成時代

相關主題

- 經濟
- 社會問題

離實體經濟相隔甚遠的泡沫經濟

一九八九年，日本年號從昭和換成平成時，日本正處於「泡沫經濟」期。一九八五年，發表下調美元，調漲德國馬克與日圓的「廣場協議（Plaza Accord）」。做為因應對策，日本政府進行大規模的公共投資，並透過調降「公定步合（銀行放貸的利率）」來進行金融緩和政策。這些政策**在幫助景氣恢復的同時，也助漲了土地、股票的投機行為，使日本走向泡沫經濟。日經平均指數在一九八九年達到三八九一五點，創下史上最高價的紀錄。**

政府為了替成長過快的經濟踩下剎車，推出限制不動產交易的「總量管制」，結果使景氣頓時衰退，地價、股價下跌，造成泡沫經濟破滅。

這時期世界情勢也出現變化，一九八九年柏林圍牆倒塌。一九九〇年爆發波斯灣戰爭，日本初次派遣自衛隊至海外。一九九一年蘇聯解體，不過在前一年，日本第一位太空人秋山豐寬搭乘蘇聯的太空船聯盟號，日本全土都振奮不已。

關鍵人物

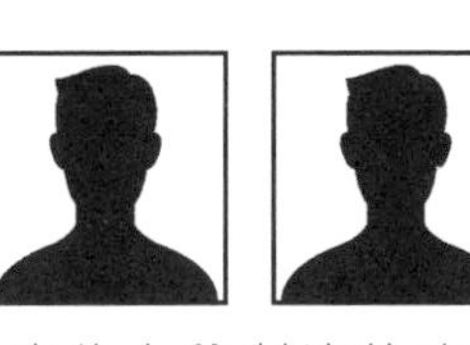

宇野宗佑（1922～1998）
政治家。泡沫經濟期第七十五任內閣總理大臣。一九八九年就任總理大臣，但因和女性的醜聞曝光，僅六十九天便下台。

海部俊樹（1931～）
政治家。第七十六、七十七任內閣總理大臣。於一九八九年的泡沫經濟巔峰期就任，之後實施總量管制。

秋山豐寬（1942～）
太空人、新聞工作者。進入TBS後，因TBS的「宇宙特派員計畫」被選為太空人。

簡明年表！

一九八九至一九九二年大事紀

在一九九〇年前後，世界上發生柏林圍牆倒塌等重要大事。而這個時期日本發生了什麼事呢？以下按年表整理。

1989
平成年度開始
實施消費稅
第一次海部俊樹內閣成立

1990
第二次海部內閣成立
泡沫經濟破滅
第一位日本太空人誕生

1991
宮澤喜一內閣成立

1992
巴塞隆納奧運舉行
PKO 法案成立

1850　明治　1900　1910　大正　1920　昭和　1930　1940　1950　1960　1970　1980　平成　1990　2000　2010

1989年的世界情勢　**六四天安門事件：**中國人民解放軍對聚集在北京天安門廣場要求民主化的學生與一般民眾，進行無差別炮火攻擊，造成民眾大量死傷。

震災、技術發展
重重的不安與進化的科技產品

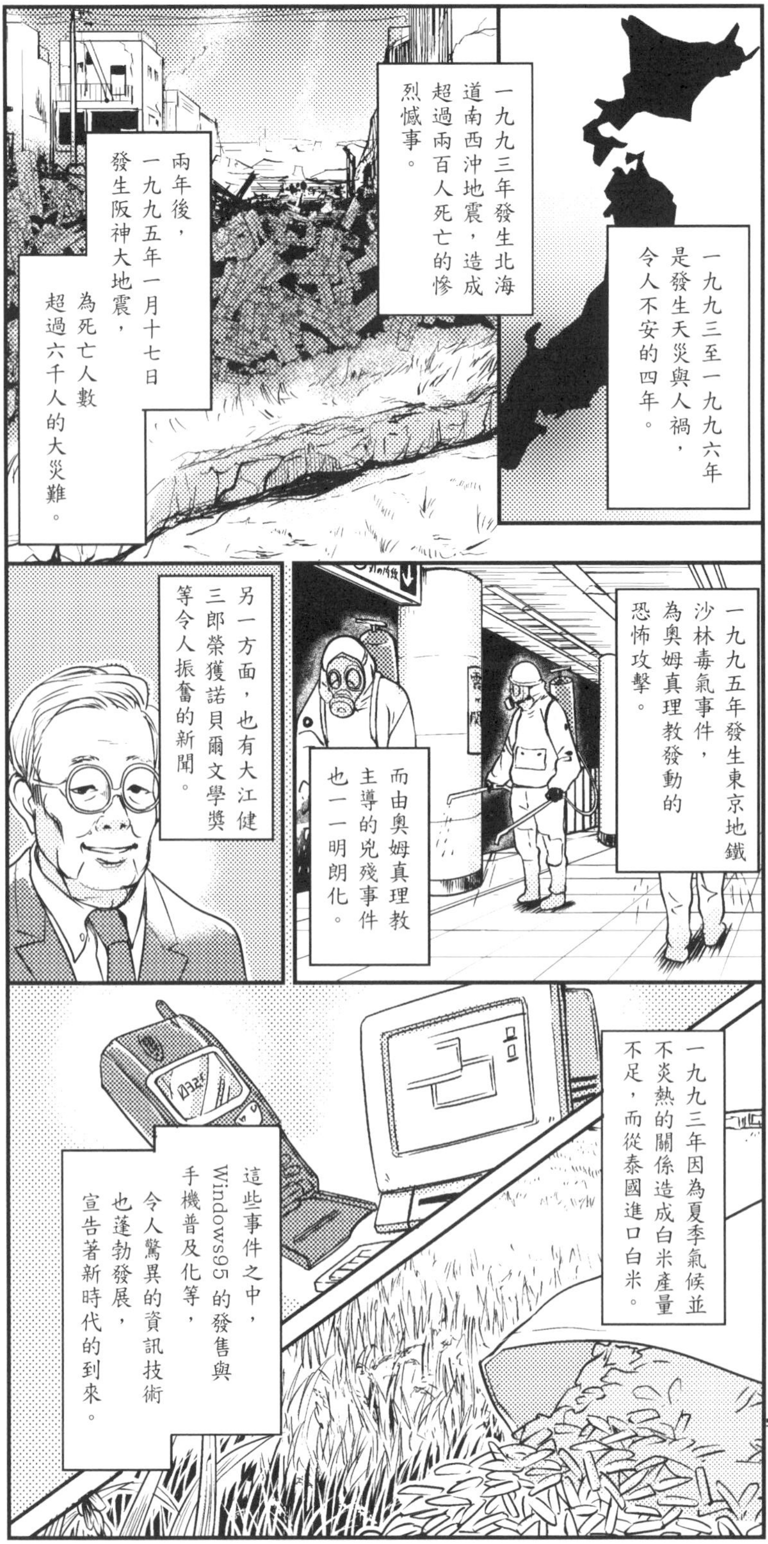

一九九三至一九九六年是發生天災與人禍，令人不安的四年。

一九九三年發生北海道南西沖地震，造成超過兩百人死亡的慘烈憾事。

兩年後，一九九五年一月十七日發生阪神大地震，

為死亡人數超過六千人的大災難。

一九九五年發生東京地鐵沙林毒氣事件，為奧姆真理教發動的恐怖攻擊。

而由奧姆真理教主導的兇殘事件也一一明朗化。

另一方面，也有大江健三郎榮獲諾貝爾文學獎等令人振奮的新聞。

一九九三年因為夏季氣候並不炎熱的關係造成白米產量不足，而從泰國進口白米。

這些事件之中，Windows95的發售與手機普及化等，

令人驚異的資訊技術也蓬勃發展，宣告著新時代的到來。

相關主題

- 社會問題
- 災害
- 科學技術

IT化社會基礎完成的時代

泡沫經濟的破滅使得人們意志消沉，但這次換大地震與恐怖攻擊襲擊日本。一九九五年一月十七日，發生震央在淡路島，芮氏規模七．三，最大震度七級的大地震，因為此次屬於都市型災害，導致災情嚴重。再加上同年三月二十日發生東京地鐵沙林毒氣事件，九〇年代前半期也被稱為「不安的時代」。

在這樣的時代裡，同年微軟公司發售Windows95，在日本國內也大受矚目，回響的熱烈程度幾乎可說是種社會現象。過去門檻極高的電腦操作也變得簡單，個人電腦與網際網路也趁此機會，開始滲透到企業或一般家庭。**而行動電話體積也愈來愈小，人們從呼叫器轉而開始使用行動電話。**

此外，一九九三年八月，宮澤內閣的官房長官河野洋平發表了有關從軍慰安婦的「河野談話」。從此之後，每逢遇到慰安婦的爭議時，此談話就會被重提。

關鍵人物

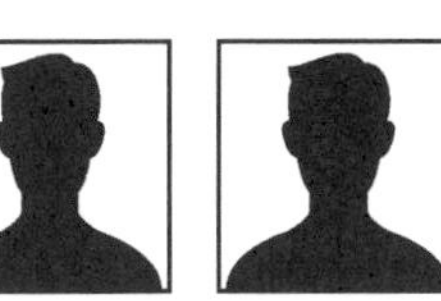

河野洋平（1937～）
政治家。歷任村山內閣時的副總理、外務大臣、內閣官房長官。一九九三年發表「河野談話」。

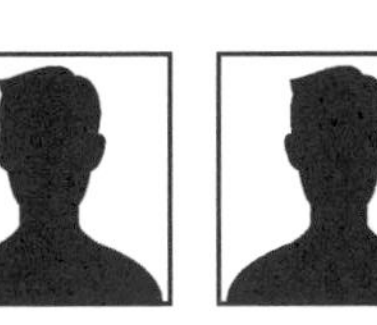

村山富市（1924～）
政治家。曾任眾議院議員、日本社會黨委員長。一九九四年就任第八十一任內閣總理大臣。

公本智津夫（＝麻原彰晃）（1955～）
宗教家。新興宗教團體奧姆真理教的前代表。策劃東京地鐵沙林毒氣事件等，被判處死刑。

簡明年表！

一九九三至一九九六年大事紀

九〇年代前半雖被稱為「不安的時代」，但當然不是只有鬱悶的新聞。以下回顧這幾年所發生的事件吧！

1993
日本職業足球聯隊（J1聯賽）開幕
「河野談話」發表

1994
松本沙林毒氣事件
大江健三郎獲頒諾貝爾文學獎

1995
WTO成立
Windows 95發售
阪神淡路大地震發生
東京地鐵沙林毒氣事件
「村山談話」發表

1996
美日安全保障共同宣言
民主黨成立

1996年的世界情勢

《全面禁止核試驗條約（Comprehensive Nuclear Test Ban Treaty）》：即無論是太空、水中或地底下等，所有地方都嚴禁「核武實驗或其他的核爆」的國際條約，於聯合國大會通過此案。

我們的銀行就到今天結束了啊……

○○銀行 代表取締役

社長，您辛苦了……

……終究敵不過泡沫經濟破滅的影響……

泡沫經濟破滅導致金融機關破產，其中山一證券的破產成為當時的大新聞。

橋本龍太郎

消費稅5%

此外，一九九七年消費稅從百分之三增加到百分之五。

閉店公告

○○銀行

雖然是個令人不知所措的時期，但長野奧林匹克運動會感動了整個日本。

另一方面，日美關係也起了變化，一九九九年頒布新美日安保合作指針相關法。

規定自衛隊負責美軍的後方支援。

在變化激烈的日子裡，因為電腦與網路的普及，進展成資訊化社會的新時代。

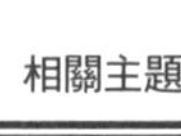

政治
科學技術
文化

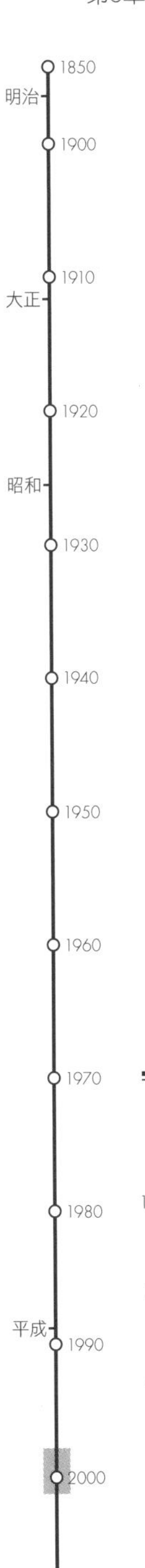

學生也人人都有手機

二〇〇〇年的山一證券破產等，連帶造成泡沫經濟破滅後的景氣低迷，但因為技術革新的關係，這時期也逐漸成為資訊便利的社會。

一九九七年，自由民主黨的橋本龍太郎內閣斷然將消費稅從百分之三增加到百分之五。結果隔年的名目GDP比前年度減少百分之二，經濟規模縮小約十兆圓。

另一方面，**二〇〇〇年行動電話的普及率上升到近百分之六十，學生擁有行動電話也變成理所當然的事情。**一九九九年，引進ADSL（寬頻），網路環境也急速改變，任何人都能輕易的利用高速網路接觸、取得龐大的資訊。

一九九八年二月舉辦長野奧林匹克運動會，日本獲得金、銀、銅合計十塊獎牌。同年六月召開的世足賽中日本代表第一次出場等等，日本在運動界也獲得優秀的成績。

簡明圖解！

行動電話的普及率

年	1989	1992	1996	2000	2004	2008	2012
普及率（%）	0.3	1.4	19.8	56.0	72.0	82.2	98.0

1989年行動電話的普及率還不到1%，但在平成八至十年（1996～1998）因電腦化與擁有上網功能而達到爆炸性的普及化。

關鍵人物

橋本龍太郎（1937～2006）
政治家。曾任厚生大臣、大藏大臣等。第八十二、八十三任內閣總理大臣。在任中斷然執行增加消費稅的政策。

小渕惠三（1937～2000）
政治家。第八十四任內閣總理大臣。在擔任官房長官時，做為發表新年號「平成」的人而相當知名。

1997年的世界情勢

香港回歸：根據《展拓香港界址專條》，英國可租借香港九十九年。經過1984年的中英聯合聲明，於1997年歸還中國。

動盪的世界情勢與日本
日本的動向與外交眾所矚目

※ 譯註：緊急狀況時的相關三法

相關主題

- 經濟
- 對美關係
- 世界情勢

明治 大正 昭和 平成
1850 1900 1910 1920 1930 1940 1950 1960 1970 1980 1990 2000 2010

希望與衝擊事件下開始的新世紀

迎接新世紀充滿希望的二〇〇一年。這一年大阪創立日本環球影城，千葉迪士尼樂園開園，相當振奮人心。十月發表數位多媒體播放器iPod，人們實際感受到革命性的科技革新。政界方面，小泉純一郎內閣成立，高舉「無聖域的結構改革」的口號，推動郵政三事業與道路關係四公團等的民營化。小泉於隔年旋風式地訪問北韓，**與金正日召開「日朝首腦會談」**，**北韓也公開承認綁架日本人事件**。日本這些大動作成為世界矚目的焦點。

在美國，二〇〇一年九月十一日發生九一一恐怖攻擊事件。兩架飛機衝撞紐約世貿雙子星大樓，大樓倒塌造成超過三千人死亡。布希總統對此事件宣告「向恐怖分子開戰」，小泉內閣立刻支持美國的決定，制定「反恐對策特別措施法」，在後方支援美軍攻擊阿富汗。

關鍵人物

小泉純一郎（1942〜）
政治家。宮澤政權時擔任郵政大臣。之後做為第八十七任至八十九任內閣總理大臣，進行社會結構改革政策。

小布希（George Walker Bush）（1946〜）
第四十三任美國總統。總統任期中發生九一一襲擊事件，爆發伊拉克戰爭。

龜井靜香（1936〜）
政治家。曾任運輸大臣、建設大臣、國民新黨代表。郵政民營化反對派的中心人物。

簡明年表！

二〇〇一至二〇〇四年大事紀

二〇〇〇年代前半期在日本國內為小泉內閣開始的時期。而這段時間，其他國家發生了衝擊性的大事件。

2001
中央省廳重新編制一府十二省廳
iPod發售開始
小泉純一郎內閣成立
發生九一一恐怖攻擊事件

2002
日韓共同舉辦世界盃足球賽
日朝首腦會談

2003
伊拉克戰爭開始

2004
第二次日朝首腦會談
新瀉縣中越地震發生

2005年的世界情勢

倫敦七七爆炸案：英國倫敦的地鐵與巴士等發生多起爆炸案，共造成五十六人死亡。之後蓋達組織承認這起事件與恐怖攻擊有關。

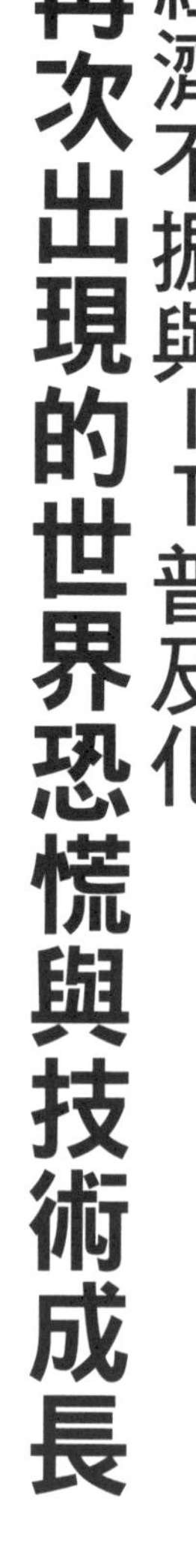
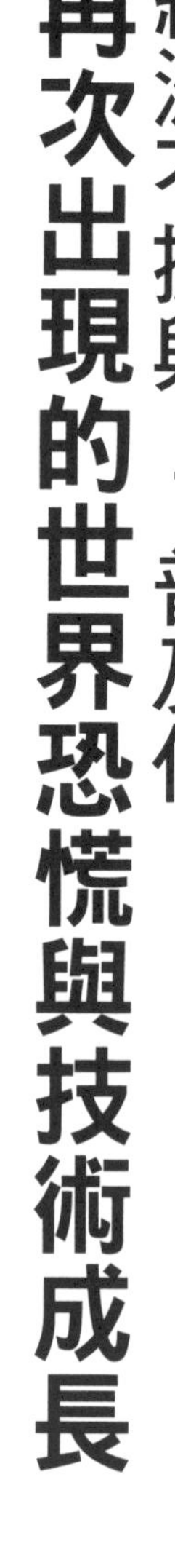

經濟不振與IT普及化 再次出現的世界恐慌與技術成長

二〇〇五年JR福知山線出軌事故，

乘客與司機共計一百〇七人死亡。

此為戰後的日本鐵路史上第四大悲劇。

原因推測是過晚使用剎車而導致脫軌。至今仍有許多人為此意外傷痛不已。

二〇〇六年活力門公司偽造財報事件曝光，

新聞也大幅報導。

兩年後的二〇〇八年——

雷曼兄弟破產導致經濟面受到嚴重打擊——

不過，在科技面上卻有劃時代的發展。

二〇〇七年的蘋果公司發表iPhone，

為確立日後智慧型手機形象的劃時代裝置。

二〇〇六年的山中伸彌等人培育出iPS細胞，被期待能用於再生醫療上，這項技術受到高度好評。

在數年之後獲頒諾貝爾獎。

相關主題

- 經濟
- 社會問題
- 科學技術

產生金融危機的次級貸款問題

二〇〇〇年代中期，這段期間在經濟、社會上都發生各種衝擊性的事件。二〇〇五年四月JR福知山線脫軌意外，造成共一百零七名乘客與乘務員死亡，是鐵路史上的重大事故。二〇〇六年活力門偽造財報事件曝光，也對股市造成影響。二〇〇七年美國次級貸款的不良債權被揭露，隔年，**美國大型投資銀行雷曼兄弟破產，連帶造成世界性的金融危機**。也因為此事的影響，導致日經平均股價大跌到六九九四．九〇點。

另一方面，在這個時期科學領域上也有驚人發展。二〇〇五年網路的普及率突破百分之七〇，網路社會更加進化。**二〇〇七年時在之後獲得諾貝爾獎的京都大學山中伸彌教授團隊開發培育iPS細胞的技術，受到世界矚目**。此外二〇〇八年iPhone在日本正式發售，其技術讓眾人驚豔。

關鍵人物

安倍晉三（1954～）
二〇〇六年就任第九〇任內閣總理大臣，卻因身體不適而辭職。之後就任九十六、九十七任內閣總理大臣。

山中伸彌（1962～）
京都大學iPS細胞研究所所長。培育iPS細胞，於二〇一二年獲得諾貝爾醫學、生理學獎。

史蒂芬·保羅·賈伯斯（Steven Paul Jobs）（1955～2011）
蘋果公司共同創辦人之一。將麥金塔電腦與iPhone等推向全世界。

簡明年表！

二〇〇五至二〇〇八年大事紀
為雷曼兄弟事件與活力門事件對經濟面造成嚴重打擊的時期。

2005
舉辦日本國際博覽會
JR 西日本福知山線出軌事故

2006
舉辦冬季奧運
舉辦第一屆世界棒球經典賽
德國舉辦世界盃足球賽
活力門偽造財報事件發生
安倍晉三內閣成立

2007
次貸危機
新瀉縣中越地震

2008
日本開始發售 iPhone 3G
舉辦北京奧運

1850　明治　1900　1910　大正　1920　昭和　1930　1940　1950　1960　1970　1980　平成　1990　2000　2010

2008年的世界情勢
歐巴馬當選總統：11 月 4 日舉行美國總統選舉，民主黨的巴拉克·歐巴馬候選人獲得壓倒性的勝利。隔年 1 月就任為美國總統。

領土問題與核電廠事故
政權開始輪替的動盪期

之前的自民黨政權因一再地政策失敗引發民怨，國民改而選擇民主黨政權。
政見宣言
民主党
然而，年金制度改革與高速公路免費等
吸引人的政見宣言卻幾乎都沒有實現。
從這個時期，智慧手機開始普及，
各家公司都推出新型機種。
因其便利性而達到爆炸性的普及，
甚至被譽為「全民智慧手機時代※」。
二〇一一年三月發生影響範圍涵蓋東北至關東的大地震。
哇！
好大的地震！快逃啊！
轟隆隆！
這場地震之後被稱為東日本大地震，帶來戰後最嚴重的災情。
年幼的孩童與母親、老人、家庭……來不及逃走的人們因超乎想像的海嘯而遇難。
死亡與失蹤人數合計超過兩萬兩千人，大多是因海嘯而身亡。
而因地震引起的福島第一核電廠事故，至今仍無法靠近核災區附近……

※ 譯註：原文為「一億総スマホ」

相關主題

- 社會問題
- 政治
- 東亞外交
- 災害

領土問題再度浮上檯面

安倍晉三首相、福田康夫首相等人於任期中辭任，且因閣僚的失言事件一再發生，造成自由民主黨的國民支持率下滑。**二〇〇九年的眾議院選舉中，民主黨以歷史性的大勝奪得政權。**第九十三任內閣總理大臣由鳩山由紀夫出任，但在二〇一〇年，尚未解決普天間海軍陸戰隊航空基地遷移爭議便辭職，由菅直人出任首相。同年九月舉辦的民主黨代表選舉中菅直人雖然再度當選黨代表，然而在此次選舉期間，發生由中國漁船引發的衝突事件，海上保安廳的巡邏船在釣魚台列嶼附近發現正在進行漁撈作業的中國漁船，以非法捕撈之名取締，卻引爆衝突使巡邏船遭到毀損。此事演變成國際問題，關於釣魚台列嶼的領土問題再度浮上檯面。**隔年三月十一日發生東日本大地震，福島第一核電廠的意外釀成前所未有的大災害。**

二〇一二年韓國的李明博總統登陸一直以來是日韓領土問題的獨島（竹島）。日本政府雖表示抗議，但也因此事件造成日韓關係惡化。

關鍵人物

鳩山由紀夫（1947～）
政治家。曾任新黨先鋒的代表幹事、舊民主黨代表等。二〇〇九年就任第九十三任內閣總理大臣。

菅直人（1946～）
政治家。曾任厚生大臣、副總理等，擔任第九十四任內閣總理大臣。任內發生東日本大地震。

李明博（1941～）
韓國政治家。第十七任韓國總統。二〇一二年八月時成為史上第一位登上獨島（竹島）的韓國總統。

簡明地圖！

東日本大地震的主要災情

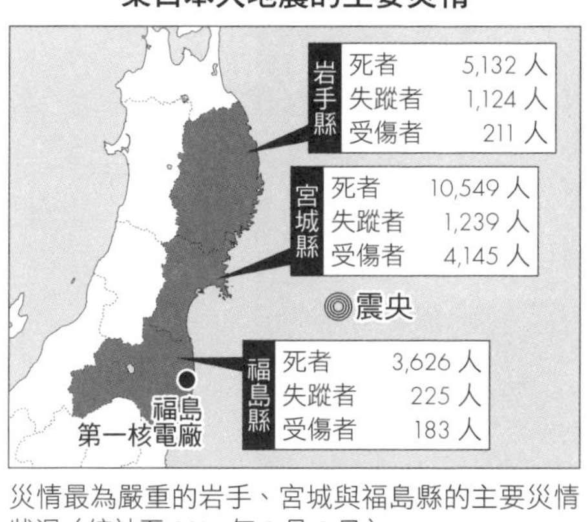

災情最為嚴重的岩手、宮城與福島縣的主要災情狀況（統計至 2016 年 3 月 1 日）。

出處：依消防局首頁「東北地方太平洋沖地震（東日本大地震）災情資訊」的資料作成

2011年的世界情勢　**奧薩馬．賓．拉登（Osama bin Laden）死亡：**國際恐怖組織蓋達的指導者賓拉登在巴基斯坦與美國諜報機關進行槍擊戰，最後遭射殺身亡。

2012～

Historical Events 66

第二次安倍內閣成立
絕對安定多數政權的新政策

民主黨政權結束，自民・公明黨聯立政權的安倍內閣成立。
安倍總理實施「安倍經濟學」，目標是擺脫通貨緊縮。
但在另一方面，消費稅從百分之五漲到百分之八。
消費稅 8%
消費 5%
放寬對中國等亞洲各國的簽證發放，
也擴充消費稅的免稅制度，
再加上日圓貶值，使一般外國遊客的訪日人數創下最高紀錄。
二〇一四年劃時代的發明獲得了諾貝爾獎
然後在二〇一六年五月，歐巴馬總統（第一位現任美國總統）訪問廣島
在核爆慰靈碑前獻花致意，並在演說發表追求無核世界的理想。
—藍光LED發明

相關主題

- 政治
- 世界情勢

日本在世界的角色有巨大變化

二〇一二年十二月的眾議院總選舉中民主黨的支持率下滑，由自民黨以兩百九十四席取而代之。政權輪替，成立第二次安倍晉三的自民・公明聯合內閣。日本政府在議會上以「絕對安定多數政權」為背景上通過各種政策。二〇一三年於國會通過日本「國民總背番號制度」的「個人番號（My number）法案」（譯註：類似身分證制度）。二〇一三年制定有關日本安全保障情報的特定秘密保護法，同年消費稅增加為百分之八。在經濟政策上實施以百分之二的通膨為目標與矯正日圓過度升值的「安倍經濟學」。推行無限制的量化寬鬆和大規模的公共投資，雖然獲得日圓貶值的效果，出口貿易卻仍不見起色。

安倍晉三內閣也致力於建立新的國際關係。**二〇一五年通過包含自衛隊法修正的安全保障關聯法，可行使集團自衛權，自衛隊的海外任務也不再有地理上的限制。**此外，加上從二〇一三開始交涉的跨太平洋夥伴協定（TPP）在二〇一五年達到大致的共識，日本在世界上的角色與立場開始有所改變。

關鍵人物

巴拉克・奧巴馬（Barack Obama）（1961〜）
第四十四任美國總統。為推動「無核世界」受好評，而獲得諾貝爾和平獎。

黑田東彥（1944〜）
前財務官僚。第三十一任日本銀行總裁。實施負利率政策（Negative interest rate policy），推動安倍經濟學。

麻生太郎（1940〜）
政治家。第九十二任內閣總理大臣。第二次安倍內閣入閣，擔任內閣府特命擔當大臣（金融擔當）（譯註：相當於國務大臣）。

近現代史祕辛

聯合國為「新聞報導自由」派遣調查員

國際非政府組織公布新聞報導自由度的排名中，日本從二〇一一年大幅下滑。因為《特定祕密保護法》的緣故，使日本的「新聞報導自由」成為問題，於是二〇一六年聯合國人權理事會派遣特別報告員大衛・凱伊（David Kaye），負責調查日本的「意見與表現自由」。在記者會上大衛・凱伊表示「日本干預新聞報導自由」，使在日本國內本來就備受討論的放送法解釋再次掀起波瀾。

2014年的世界情勢　**伊斯蘭國成立宣言：**激進派組織「伊斯蘭國（ISIS）」在六月底宣告建立伊斯蘭國。ISIS源頭被認為是國際恐怖組織的蓋達組織。

近現代史年表（江戶末期～平成）

西曆	元號	政治、經濟、社會	世界情勢
1853	嘉永6	黑船來航	1853年 克里米亞戰爭 （～1856）
1854	安政1	神奈川條約	
1856	安政2	《日荷和親條約》	1856年 第二次鴉片戰爭 （～1860）
1858	安政5	《美日修好通商條約》 安政大獄	1858年 《天津條約》 蒙兀兒帝國滅亡
1860	萬延1	櫻田門外之變	1860年 《北京條約》
1861	文久1	對馬事件 美國外交官哈里斯訪江戶 城、同意開港延期	1861年 美國南北戰爭 （～1865） 義大利統一
1862	文久2	坂下門外之變／和　降嫁 生麥事件	
1863	文久3	薩英戰爭 八月十八日政變	1863年 美國公布 《解放奴隸宣言》
1864	元治1	元治1　禁門之變／第一 次長州征討	
1865	慶應1	第二次長州征討宣言	1865年 孟德爾發現 「遺傳法則」
1866	慶應2	薩長同盟	1866年 普奧戰爭
1867	慶應3	大政奉還 王政復古大號令	

西曆	元號	政治、經濟、社會	世界情勢
1868	明治1	戊辰戰爭（～1869） 五條御誓文	
1869	2	東京遷都／版籍奉還 箱館戰爭五稜郭攻陷	1869年 蘇伊士運河開通
1870	3	兵制統一	1870年 普法戰爭 （～1871）
1871	4	廢藩置縣／新貨幣條例 《中日修好條規》	1871年 德意志帝國成立
1872	5	田畑永代賣買解禁 國立銀行條例	
1873	6	徵兵令／地租改正條例	
1874	7	《民撰議院設立建白書》 佐賀之亂	
1875	8	元老院、大審院設置 《立憲政體建立詔書》	1875年 英國購買蘇伊士運河 股份
1876	9	廢刀令／《江華條約》 神風連、秋月、萩之亂	
1877	10	西南戰爭／東京大學設立	1877年 俄土戰爭 （～1878）
1878	11	地方三新法制定 大久保利通遭暗殺	
1879	12	琉球藩廢止、沖繩縣設置	1879年 愛迪生發明燈泡

西曆	元號	政治、經濟、社會	世界情勢
1881	14	明治十四年政變 自由黨成立	1881年 《伊犁條約》
1882	15	立憲改進黨成立 日本銀行設立	1882年 德奧義三國同盟
1884	17	華族令制定／秩父事件	1884年 中法戰爭 （～1885年）
1885	18	內閣制度開始 《天津條約》	
1887	20	大同團結運動 三大事件建白運動	1886年 諾曼頓號事件
1888	21	樞密院設置	
1889	22	頒布《大日本帝國憲法》	1889年 巴黎艾菲爾鐵塔 完成
1891	24	大津事件	1891年 俄法同盟 西伯利亞鐵路開工
1894	27	簽訂《日英通商航海條約》 甲午戰爭（～1895）	1894年 東學黨之亂
1895	28	簽訂《馬關條約》 三國干涉還遼	
1896	29	簽訂《中日通商行船條約》	1896年 舉辦第一屆奧運
1897	30	金本位制確立 勞動組合期成會成立	
1898	31	政黨內閣成立	1898年 美西戰爭
1900	33	治安警察法	1900年 義和團事件

西曆	元號	政治、經濟、社會	世界情勢
1901	34	八幡製鐵所開業	1901年 《北京議定書》
1902	35	《英日同盟協約》	
1904	37	日俄戰爭（～1905） 《第一次日韓協約》	1904年 《英法協商》
1905	38	《第二次日韓協約》 漢城（後改名為京城）設置 統監府 樸資茅斯條約 第二次英日同盟協約	1905年 西伯利亞鐵路完工
1906	39	於旅順設置關東都督府 於大連設立滿鐵	
1907	40	《日俄協約》 《第三次日韓協約》	1907年 《英法俄三國協約》
1908	41	《美日紳士協約》成立	1908年 青年土耳其黨革命
1909	42	伊藤博文遭暗殺	
1910	43	《日韓合併條約》 於京城設置朝鮮總督府 《第二次日韓協約》	
1911	44	《第三次英日同盟條約》	1911年 辛亥革命
1912	大正1	大正天皇即位 第一次護憲運動	1912年 中華民國成立
1913	2	大正政變	1913年 第一次巴爾幹戰爭 終結

西曆	元號	政治、經濟、社會	世界情勢
1914	3	第一次世界大戰參戰	1914年 第一次世界大戰 （～1918）
1915	4	向中國提出二十一條要求	1915年 美國占領海地
1917	6	禁止金輸出	1917年 俄羅斯革命
1918	7	政黨內閣原敬內閣誕生	1918年 1918年流感大流行（～1919）
1919	8	簽訂《凡爾賽條約》	1919年 三一獨立運動 五四運動 德國威瑪憲法成立
1920	9	加盟國際聯盟	1920年 國際聯盟成立
1921	10	日本勞動總同盟成立	1921年 華盛頓會議 （～1922） 中國共產黨成立
1922	11	日本農民組合、全國水平社、日本共產黨成立	1922年 義大利法西斯政權成立
1923	12	關東大地震	1923年 土耳其共和國建國
1924	13	第二次護憲運動	
1925	14	普通選舉法 治安維持法成立	

西曆	元號	政治、經濟、社會	世界情勢
1926	昭和1	昭和天皇即位 勞動農民黨成立	1926年 蔣介石北伐開始 （～1928）
1927	2	金融恐慌 頒布延期償付令	
1928	3	實施首次的普通選舉 三一五事件／皇姑屯事件 全國設置特別高等警察 治安維持法修正	1928年 《巴黎非戰公約》
1929	4	四一六事件	1929年 經濟大恐慌 史達林獨裁體制確立
1930	5	金輸出解禁／昭和恐慌 簽訂《倫敦海軍條約》	1930年 倫敦海軍縮會議
1931	6	金輸出禁止／柳條湖事件 九一八事變 三月事件、十月事件	
1932	7	血盟團事件／五一五事件 一二八事變 《滿洲國建國宣言》 簽訂《日滿議定書》	
1933	8	宣布退出國際聯盟	1933年 德國納粹政權成立 美國羅斯福新政
1935	10	相澤事件	1935年 紐倫堡法案

西曆	元號	政治、經濟、社會	世界情勢
1936	11	二二六事件 《日德防共協定》 退出華盛頓、倫敦軍縮會議	1936年 西安事件 抗日民族統一戰線成立 西班牙內戰
1937	12	七七事變 中日戰爭（八年抗戰） 《日德義防共協定》	1937年 南京大屠殺
1938	13	國家總動員法	1938年 《慕尼黑協定》 花園口決堤事件
1939	14	美國宣布廢止 《美日通商航海條約》 諾門罕戰役	1939年 《德蘇互不侵犯條約》 第二次世界大戰 紐約世界博覽會
1940	15	日德義三國同盟成立 進駐北部法印 大政翼贊會成立／七七禁令	1940年 成立南京汪兆銘政權
1941	16	締結日蘇中立條約 進駐南部法印 攻擊珍珠港 太平洋戰爭（～1945）	1941年 大西洋憲章 美國禁止對日輸出石油
1942	17	中途島海戰	
1943	18	瓜達康納爾島撤退／學徒出陣 （譯註：派學生上戰場。） 舉辦大東亞會議	1943年 義大利投降 開羅會議
1944	19	攻陷塞班島 開始疏散學童	1944年 諾曼第登陸 美軍登陸菲律賓

西曆	元號	政治、經濟、社會	世界情勢
1945	20	東京大轟炸 美軍占領沖繩本島 廣島與長崎原子彈爆炸 接受波茨坦宣言 同盟軍進駐本土	1945年 雅爾達會議 蘇聯對日參戰 波茨坦會談 聯合國成立 越南民主共和國建國
1946	21	頒布日本國憲法 遠東國際軍事法庭 （～1948） 天皇人間宣言／農地改革 公職放逐令 金融緊急措施令 飯米獲得人民大會	1946年 義大利共和國成立 第一次印度支那戰爭 （～1954） 菲律賓獨立 比基尼環礁進行核彈 試爆
1947	22	勞動基準法 獨占禁止法 二一總罷工計畫中止 設置勞動省 實施日本國憲法	1947年 美國發表馬歇爾計畫 印巴分治
1948	23	遠東國際軍事法庭判決 經濟安定九原則	1948年 蘇聯柏林封鎖、 緬甸、大韓民國、 朝鮮人民共和國獨立
1949	24	道奇路線 單一匯率設定 夏普稅制勸告	1949年 北大西洋公約組織
1950	25	警察預備隊成立	1950年 韓戰（～1953）
1951	26	簽訂《舊金山和約》、 《日美安保條約》	1951年 科倫坡計畫 海拉細胞株化成功

西曆	元號	政治、經濟、社會	世界情勢
1952	27	設立保安隊 成立破壞活動防止法 血腥勞動節事件	1952年 李承晚線設定
1953	28	內灘基地反對鬥爭	
1954	29	頒布新警察法 設立防衛廳自衛隊設立 《日美MSA協定》 造船醜聞事件 第五福龍丸事件	1954年 日內瓦會議
1955	30	自由民主黨成立	1955年 華沙公約組織
1956	31	日蘇共同宣言 加盟聯合國／砂川事件	1956年 蘇伊士運河戰爭
1957	32	日本南極越冬隊首次登陸南極	1957年 蘇聯人工衛星發射成功 簽訂EEC
1959	34	社團法人日本鐵道運轉協會成立	1959年 古巴革命
1960	35	簽訂《美日安保條約》 安保鬥爭	1960年 越南南方民族解放陣線成立
1961	36	制定農業基本法	1962年 古巴導彈危機
1963	38	簽訂《部分禁止核試驗條約》	1963年 甘迺迪總統遭暗殺
1964	39	新幹線開通 東京奧運開辦	
1965	40	承認ILO《87號條約》	1965年 美國開始轟炸北越
1966	41	締結《日蘇航空協定》	1966年 中國文化大革命
1967	42	制定公害對策基本法	1967年 歐洲各共同體（EC）成立
1970	45	日本萬國博覽會 胡差暴動	
1971	46	簽訂《沖繩歸還協定》	1971年 印巴戰爭
1972	47	沖繩回歸日本 日中邦交正常化	1972年 水門案
1973	48	石油危機	1973年 《越南和平協定》
1975	50	山陽新幹線： 岡山－博多完工通車	1975年 阿波羅聯盟測試計畫 越南戰爭結束
1978	53	中日和平友好條約	
1979	54	舉辦東京高峰會	1979年 美中建交 進攻蘇聯、阿富汗
1980	55	汽車生產台數世界第一	1980年 光州事件 兩伊戰爭
1982	57	中央自動車道全線開通 （譯註：高速公路。）	1982年 福克蘭戰爭

西曆	元號	政治、經濟、社會	世界情勢
1985	60	筑波世界博覽會 電電、專賣公社民營化	1985年 《廣場協議》 戈巴契夫出任總書記
1987	62	國鐵分割民營化	1987年 大韓航空858號班機空難
1988	63	稅制改革六法案成立	1988年 兩伊戰爭結束
1989	平成1	引進消費稅 參議院選舉中執政在野黨輪替	1989年 天安門事件 柏林圍牆倒塌
1990	2	日銀、公定步合率上漲6%	1990年 東西德統一
1991	3	泡沫經濟破滅	1991年 波斯灣戰爭 蘇聯解體
1992	4	PKO法成立	1992年 波士尼亞戰爭
1993	5	非自民聯合內閣成立 （55年體制解體）	1993年 歐洲聯盟（EU）成立
1995	7	阪神大地震 東京地鐵沙林毒氣事件	1995年 世界貿易組織（WTO）成立
1997	9	消費稅定為5%	1997年 香港回歸
1998	10	長野奧運	
1999	11	新美日安保合作指針相關法成立	1999年 歐盟開始使用歐元

西曆	元號	政治、經濟、社會	世界情勢
2000	12	沖繩高峰會	2000年 南北朝鮮首次的首腦會議
2001	13	反恐對策處理法制定	2001年 美國九一一襲擊事件
2002	14	日韓舉辦世界盃足球賽	2002年 日朝首腦會談
2003	15	有事關連三法成立	2003年 伊拉克戰爭
2004	16	派遣自衛隊至伊拉克	2004年 印度洋大地震
2005	17	道路公團民營化 郵政民營化法成立 福知山線出軌事故	2005年 倫敦七七爆炸案
2008	20	北海道洞爺湖高峰會	2008年 雷曼兄弟事件 西藏獨立運動
2009	21	民主黨政權成立	2009年 歐巴馬當選美國總統
2011	23	東日本大地震 福島第一核電廠事故	2013 因阿邁納斯人質事件
2014	26	特定秘密保護法實施 消費稅增稅	2014年 烏克蘭內戰
2015	27	安全保障關連法案成立	2015年 11月巴黎襲擊事件
2016	28	熊本地震 G7伊勢志摩高峰會 歐巴馬總統訪問廣島	2016年 英國脫歐公投

參考文獻

- 《看懂新聞的教養書——日本近現代史》（ニュースがよくわかる教養としての日本近現代史）河合敦著　祥傳社
- 《[圖解] 似懂非懂的昭和史 令人一頭霧水的「昭和」全貌短時間一看就懂的教科書》（[図解] 知ってるようで知らない昭和史　意外に知らない「昭和」の全体像を短時間で理解できる教科書）河合敦著　PHP 研究所
- 《快速讀懂日本史》（早わかり日本史）河合敦著　日本實業出版社
- 《日本史 A》（日本史 A）高村直助等著　山川出版社
- 《再一次讀山川日本近代史》（もういちど読む山川日本近代史）鳥海靖著　山川出版社
- 《山川 詳解日本史圖錄》（山川　詳説日本史図録）詳解日本史圖錄編集委員會編　山川出版社
- 《日本史辭典》（日本史辞典）朝尾直弘等著　角川書店

國家圖書館出版品預行編目資料

超日本近現代史 / 河合敦監修 ; Sideranch繪製 ; 李惠芬翻譯. -- 修訂二版. -- 臺北市 : 易博士文化, 城邦文化事業股份有限公司出版 : 英屬蓋曼群島商家庭傳媒股份有限公司城邦分公司發行, 2023.07
面 ; 公分
譯自 : マンガでわかる日本の近現代史
ISBN 978-986-480-313-2(平裝)
1.CST: 日本史 2.CST: 近代史 3.CST: 現代史
731.26 112009956

DO4012

超日本近現代史

原著書名／マンガでわかる日本の近現代史
原出版社／池田書店
監修者／河合敦
漫畫／Sideranch
譯者／李惠芬
選書人／蕭麗媛
編輯／呂舒峮、林荃瑋、黃婉玉
行銷業務／施蘋鄉
總編輯／蕭麗媛

發行人／何飛鵬
出版／易博士文化
城邦文化事業股份有限公司
台北市中山區民生東路二段141號8樓
電話：(02) 2500-7008 傳真：(02) 2502-7676
E-mail：ct_easybooks@hmg.com.tw
發行／英屬蓋曼群島商家庭傳媒股份有限公司城邦分公司
台北市中山區民生東路二段141號2樓
書虫客服服務專線：(02) 2500-7718、2500-7719
服務時間：週一至週五上午09:30-12:00；下午13:30-17:00
24小時傳真服務：(02) 2500-1990、2500-1991
讀者服務信箱：service@readingclub.com.tw
劃撥帳號：19863813
戶名：書虫股份有限公司
香港發行所／城邦(香港)出版集團有限公司
香港灣仔駱克道193號東超商業中心1樓
電話：(852)2508-6231 傳真：(852)2578-9337 E-mail：hkcite@biznetvigator.com
馬新發行所／城邦（馬新）出版集團 Cite (M) Sdn Bhd
41, Jalan Radin Anum, Bandar Baru Sri Petaling, 57000 Kuala Lumpur, Malaysia.
Tel:(603)90563833 Fax:(603)90576622 Email:services@cite.my

視覺總監／陳栩椿
封面構成／簡至成、陳姿秀
美術編輯／簡至成
製版印刷／卡樂彩色製版印刷有限公司

執筆協力／穗積直樹、常井宏平

■2018年06月28日 初版
■2021年08月05日 修訂一版
■2023年07年25日 修訂二版

IBN 978-986-480-313-2
定價550 HK $ 184

城邦讀書花園
www.cite.com.tw